mittendrin
dokumente

Die Deutsche Bibliothek – CIP Einheitsaufnahme
Mittendrin – Sachsen-Anhalt in der Geschichte: Dokumente zur Ausstellung im stillgelegten Kraftwerk Elbe, Vockerode, 15. Mai bis 13. September 1998/ [Gesamthrsg.: Expo 2000 Sachsen-Anhalt GmbH]. Hrsg. von Franz-Josef Brüggemeier ...- Lutherstadt Wittenberg: Drei-Kastanien-Verl., 1999
ISBN 3-933028-28-0

Korrespondenz-
Region in
Sachsen-Anhalt

Gesamtherausgeber:	Expo 2000 Sachsen-Anhalt GmbH
Herausgeber:	Franz-Josef Brüggemeier, Gottfried Korff, Jürg Steiner
Redaktion:	Martina Eberspächer
Mitarbeit:	Daniela Döbert, Kerstin Brzakala
Koordination:	Sybille Fanelsa, Franziska Eidner
Entwurf und Gestaltung:	Nicolaus Ott + Bernard Stein, Berlin
Satz:	Repro- und Satzstudio Kuinke, Dessau
Druck:	Elbe Druckerei Wittenberg GmbH
Verlag:	Drei Kastanien Verlag

ISBN 3-933028-28-0

mittendrin
Sachsen-Anhalt in der Geschichte

Dokumente zur Ausstellung im
stillgelegten Kraftwerk Elbe, Vockerode
15. Mai bis 13. September 1998

Herausgegeben von Franz-Josef Brüggemeier,
Gottfried Korff und Jürg Steiner

Drei Kastanien Verlag

Inhalt

mittendrin in Vockerode kann man auf zwei Wegen betreten: ebenerdig durch die Maschinenhalle oder über einen „Erlebnispfad", der nichts für Ältere ist. Man klettert über die 100 Meter lange Schrägbandbrücke auf das 40 Meter hohe Kesselhaus-Dach. Aus den verstaubten Fenstern sollte man dabei besser nicht sehen: die 18 Grad Neigung verwirren den Gleichgewichtssinn, wenn die doppeltürmige Kirche von Vockerode plötzlich schief steht.

Peter Nöldechen

Westfälische Rundschau, 6. Juni 1998

Vorwort

80 000 Menschen besuchten 1998 die Ausstellung *mittendrin* im Kraftwerk Vockerode. Die ungewöhnliche Kulisse der beeindruckenden Industrieanlage aus dem 20. Jahrhundert in Verbindung mit Dokumenten und Objekten aus 1000 Jahren Geschichte weckte Neugier und Interesse weit über die Landesgrenzen Sachsen-Anhalts hinaus.

Vier Jahre nach der Stillegung des Kohlekraftwerkes ist es der Expo 2000 Sachsen-Anhalt GmbH mit Hilfe vieler Beteiligter gelungen, die ausgestorbenen Hallen des Gebäudes wieder mit Leben zu füllen. Im Sommer 1998 verwandelten sich die Maschinenhallen und ehemaligen Brennkessel für vier Monate zu historischen Schatzkammern. Das Elbekraftwerk wurde zum Ort des Nachdenkens über Geschichte – eine Industrieanlage als Denkmal. *mittendrin* war Premiere und Auftakt. Der große Erfolg der ersten historischen Landesausstellung in Sachsen-Anhalt bedeutete Bestätigung und Aufforderung zugleich: das Kraftwerk als Ausstellungsort zu erhalten und sich intensiv mit der Geschichte des Landes zu beschäftigen.

Mit *unter strom* findet *mittendrin* im Sommer 1999 seine Fortsetzung, Ergänzung, Vertiefung. *unter strom* beschäftigt sich mit der Industriegeschichte Mitteldeutschlands in diesem Jahrhundert. Diese zweite Ausstellung präsentiert eine Region voller Hoffnungen und Enttäuschungen rund um Energie und Chemie. Auch im Jahr 2000 wird die Expo 2000 Sachsen-Anhalt GmbH eine Ausstellung zur Landesgeschichte veranstalten. Damit ist Sachsen-Anhalt das Bundesland in Deutschland, das sich am intensivsten und kontinuierlichsten mit seiner Vergangenheit beschäftigt. Wer zurückschaut, kann mit geschärftem Blick nach vorne in die Zukunft sehen.

mittendrin hat es gezeigt: die Region hat über Jahrhunderte hinweg entscheidende Impulse für europaweite Entwicklungen gegeben. An der Schwelle zur Jahrtausendwende steht Sachsen-Anhalt im Zeichen des Wandels. Die Expo 2000 Sachsen-Anhalt GmbH unterstützt diesen Wandel, der ökologische, kulturelle und ökonomische Perspektiven schaffen soll. In diesem Sinne steht das Kraftwerk Vockerode für einen Aufbruch zu neuen, ungewöhnlichen Lösungen. Der Erfolg von *mittendrin* hat diesen Aufbruch erst möglich gemacht.

Gerhard Seltmann
Geschäftsführer der Expo 2000 Sachsen-Anhalt GmbH

mittendrin im Rückblick

Mit den Bildern und Texten dieses Bandes wird eine Ausstellung dokumentiert, die vom 15. Mai bis 13. September 1998 im stillgelegten Kraftwerk Vockerode zu sehen war. Sie war während ihrer Vorbereitung heftig umstritten, fand jedoch – insbesondere in der zweiten Hälfte ihrer Laufzeit – starkes Interesse bei der Bevölkerung des Landes, dessen Geschichte sie zu ihrem Gegenstand gemacht hatte. Angeregt war sie durch ein vergleichbares Unternehmen, das 1994/95 im Gasometer Oberhausen für große Aufmerksamkeit im Ruhrgebiet (und darüber hinaus) gesorgt hatte. Dort war mit Mitteln einer musealen, besser sollte man sagen: einer expositorischen Versuchsanordnung in einem ehemaligen Industriegiganten eine historische und auf Probleme der Gegenwart bezogene Standortbestimmung einer Region vorgenommen worden, einer Region, die lange nichts von ihrer Geschichte wissen wollte, weil sie stets in ihrem Eigenverständnis der Gegenwart zugewandt war. Mit der Ausstellung im Kraftwerk an der Elbe war ähnliches geplant. Mit Thesen und Bildarrangements zu „Sachsen-Anhalt in der Geschichte", wie ihr Untertitel hieß, wollte die Ausstellung zur Selbstvergewisserung eines Landes beitragen, das am Aufbau einer konsistenten Identität lange Zeit aus politischen und wirtschaftlichen Gründen gehindert war.

Was in Vockerode geplant war, stieß jedoch im Lande auf Skepsis. Museums-, Denkmalpflege- und Landesgeschichtsexperten äußerten starke Bedenken – nicht nur wegen des Orts, sondern auch wegen der Art der Ausstellung, insbesondere wegen der Kombination von Ort und Art der Ausstellung, wegen der historisch weitausholenden Geschichtsexplikation in einem Braunkohlekraftwerk, das kurz zuvor erst stillgelegt worden war und noch merkbar den Atem der rußigen Energieversorgung spüren ließ, belegbar im Staub und Schmutz, der dem Parcours jedoch Aura und Würde gab. Vorbehalte gegen den Ort hatte es auch wegen seiner vermeintlichen „Abgelegenheit" gegeben. Immer wieder war betont worden, als Szenerie für kulturelle Ereignisse sei das Kraftwerk zu unbekannt, Vockerode läge im Niemandsland zwischen Dessau und Wörlitz, zwei kulturtouristisch hoch angesehenen Orten, die dem Kraftwerk als Geschichtsforum keine Chance lassen würden.

Trotz starker Einreden haben sich die Ausstellungsverantwortlichen nicht entmutigen lassen und die Ausstellung an einem ungewöhnlichen Ort in ungewöhnlich kurzer Zeit verwirklicht. Tatsächlich war am 15. Mai 1998, wie bei der Eröffnung formuliert wurde, ein „Kraftakt im Kraftwerk" zu besichtigen. Unterstützt worden waren die Ausstellungsmacher von der Expo 2000 Sachsen-Anhalt GmbH, von der die Ursprungsidee stammte und die unbeirrbar bei der Stange geblieben war, von der VEAG, die nicht nur die Umnutzung des Kraftwerks in ein Museum auf Zeit geduldet, sondern auch tatkräftig gefördert hat, und dem wissenschaftlichen Beirat, der die Vorbereitung der Ausstellung mit Kennerschaft und Leidenschaft begleitete.

Die Ausstellung war auf das Ganze der Geschichte der Region gerichtet, die 1998 als Sachsen-Anhalt zwar nicht älter als zwölf Jahre war, wenn man beide Phasen ihrer administrativ-nominalen Existenz zusammenzieht, die jedoch – was ihre historischen Wurzeln und ihre kulturelle Erbmasse anbetrifft – weit in die europäische Geschichte zurückweist. In der Eröffnungswoche hatte Richard von Weizsäcker in der Frankfurter Allgemeinen Zeitung angemerkt, daß es sich bei dem Land - ungeachtet des, wie er schrieb, zuerst von den Preußen, dann von den Russen verordneten regionalen Sonderwegs - um eine „der ältesten deutschen Kulturlandschaften" handele. Weizsäcker hatte zudem die „besonders reiche kulturelle Substanz" Sachsen-Anhalts in Erinnerung gerufen, um sie der Pflege „in Ost und West als einen uns vereinigenden Schatz" zu empfehlen.

Die Ausstellung hat darauf verzichtet, sich in der ehemaligen Maschinenhalle, einer wahren Industriekathedrale, feierlich in Szene zu setzen; vielmehr war sie mit ihren Objektdarbietungen in das ehemalige Kesselhaus eingezogen. Dort hatte sie ihre Schatz-, Schau- und Studierkammern eingerichtet, um im Labyrinth der Kessel und Maschinen die Eindrucks- und Anmutungsqualitäten der Objekte in einer für diese ungewohnten Umgebung zur Geltung zu bringen, aber auch um die Schwierigkeiten einer Annäherung an die Geschichte in der Gegenwart selbst zum Thema zu machen. „Jede der zwölf historischen Stationen ... entläßt den Zeitreisenden wieder in eine schweigende Gegenwart: Zwischen den erstarrten Uhren zeigen alle Druckmesser auf Null, in den Leitständen bedeckt eine dicke Staubschicht die Meßgeräte und Schalter. Die Ausstellung läßt das längst Vergangene lebendiger erscheinen als den betäubten Riesen, dessen Dämmerzustand kaum mehr vom Schlaf des Todes zu unterscheiden ist", so beschrieb die Mitteldeutsche Zeitung am 23. Mai 1998 die Wirkung des Kesselhauses als Ausstellungsort. Die Inszenierungen im Kesselhaus hatten übrigens einen ausstellungstechnisch postiven Nebeneffekt: die ehemaligen Brennkammern boten sicherheits- und klimatechnisch, also konservatorisch günstige Bedingungen. Dies hatten die Restauratoren von Anfang an vermutet, und dies hatten die Prüfungen der Leihgeber und zahlreiche Messungen bestätigt. Für viele Objekte sei die Klimastabilität in Vockerode eine „regelrechte Kur", so hatte sogar einer der leihgebenden Konservatoren gemeint.

Dennoch: Der Ort der Ausstellung hat irritiert. Er hat manch heftige Kritik hervorgerufen und Kopfschütteln bewirkt – aus Gründen, die wenig nachvollziehbar waren. Denn in Vockerode war nichts anderes geschehen, als das, was in der Bewahrungs- und Ausstellungsgeschichte der Moderne immer üblich war. Die Nutzungsformen historischer Bauwerke ändern sich und dabei werden nicht selten Teile der Architekturüberlieferung zum Gehäuse für Deponier- und Exponiervorhaben, die sich auf das historische Erbe in toto beziehen. Im 19. Jahrhundert werden Klöster und Schlösser zu Museen und zwar nicht nur zu Schloß- und Klostermuseen, sondern zu Sicherungs- und Sichtungsorten der gesamten Sachüberlieferung. Im 20. Jahrhundert werden Bahnhöfe, Fabriken und Zechen zu Museen und Ausstellungshäusern. Zu erinnern ist etwa an den Gare d'Orsay in Paris, an die Zeche Zollverein in Essen und an die Völklinger Hütte im Saarland, die übrigens 1998 Schauplatz der „Prometheus"-Ausstellung des Deutschen Historischen Museums Berlin war. Und so erging es auch dem Elbekraftwerk. Es wurde im Sommer 1998 zum Museum auf Zeit, zum Museum für 100 Tage. Es zeigte in Deutlichkeit, was das Prinzip des Museums und der historischen Ausstellung ist: Relikte, Überreste der Vergangenheit werden aus dem Kontext ihres angestammten Raums und ihrer angestammten Zeit herausgelöst, um in eine neue Ordnung gebracht zu werden – zu ihrer eigenen Sicherheit, zu ihrer Bewahrung, zu ihrer Betrachtung und zu ihrem Studium.

In Museen und Ausstellungen werden die Objekte zu Zeichenträgern; sie werden in jeweils wechselnden Kontexten, Vergleichsanordnungen, Zweckkombinationen, Informationsvernetzungen vorgeführt. So auch in Vockerode, wo der Versuch unternommen wurde, ein Bild der Geschichte der Region aus der Sicht dieses Jahrhunderts zu entwerfen, aus der Sicht einer Epoche, die reich an Katastrophen, Brüchen und Verwerfungen ist. Die Kraftzentrale war geradezu Metapher für diesen schwierigen Versuch. Zugleich wirkte sie wie ein riesiger Resonanzboden, der die Fragen an die Geschichte beunruhigend steigerte, aufstörend verstärkte und brisant machte. *mittendrin* bot einen Blick auf die Geschichte aus dem „Jahrhundert der Extreme". Dieser Blick verlangte klare Thesen und ausgewiesene Argumentationen.

Nicht nur das Kraftwerk wirkte als Impulsgeber, auch die Nachbarschaft von Dessau und Wörlitz, jener Orte also, wo die Leitideen der europäischen Aufklärung mit Prinzipien der sinnlichen Erkenntnis aufs engste und folgenreichste verbunden wurden. Der Blick in den Wörlitzer Park als weltbildprägendem Vor-Ort einer menschenfreundlich-anmutigen Kombination von Belehrung und Unterhaltung und die Nähe zu Dessau mit seiner in ganz Europa gerühmten Aufklärungspädagogik, getragen von den Appellen an Einbildungskraft und Verstandestätigkeit, haben inspirierend und ideenspendend auf die Anstrengungen der Ausstellungsmacher gewirkt. Die Namen Wörlitz und Dessau waren Verpflichtung für suggestive Bilder und unterhaltende Installationen.

Das Kraftwerk war impulsgebend, die ästhetische und intellektuelle Nachbarschaft ebenso. Es gab also eine positive Wirkung des Orts. Aber auch von einer negativen muß die Rede sein, denn diese hat den Ausstellungsmachern das Leben schwer gemacht: Die Skepsis hinsichtlich der Frage, ob sich eine Turbine mit einem Cranach, ein Kompressionsmeßgerät mit einer Aquamanile vertragen, war groß – und dies behinderte das Planen und Gestalten der Ausstellung in allen Phasen. Dem Unternehmen wurde der Vorwurf der Unseriosität, des Unüberlegten und der konservatorischen Sorglosigkeit gemacht. Zwei Wochen vor der Eröffnung waren Exponatfragen noch ungeklärt, was die Vorbereitung nicht gerade erleichtert hat, zumal bei den Leihverhandlungen Ressentiment und Argument nicht selten durcheinander gerieten.
Trotzdem konnte die Ausstellung mit mehr als 1.500 Schaustücken aufwarten. Darunter befand sich Hochrangiges und Alltägliches, selten Gezeigtes, Altbekanntes und neu Recherchiertes. Das älteste Exponat stammte aus der Zeit kurz vor 1000, das jüngste aus der Zeit kurz vor 2000: eine zerstörte Fabrikuhr, die im Februar 1998 im Mittelpunkt einer Dessauer Protestaktion gegen die Arbeitslosigkeit gestanden hatte. Viele der Objekte waren für die Ausstellung restauriert worden: das Köthener „Abendmahl" aus der Cranachwerkstatt, die Lokomobile mit Kippflügen aus dem Bördemuseum Burg Ummendorf, Handschriften, Druckgraphiken, Textilien etc. Historische Ausstellungen sind stets Anlässe zur Revision des kulturellen Erbes, Anlässe für Inventarisierungen und Instandsetzungen, und so auch Anlässe, über die Bewahrungsformen von Kunst und Kultur in der Gegenwart nachzudenken. In diesem Zusammenhang kam dem Katalog eine besondere Bedeutung zu: all das, was mit Spürsinn zusammengetragen und mit Akribie erforscht worden war, ist in einem Exponatverzeichnis dokumentiert, kommentiert und mit Texten, die sich am aktuellen Stand der historischen Forschung orientieren, in erläuternde Zusammenhänge gestellt.

Das Informationsangebot der Ausstellung wurde durch ein kulturelles und wissenschaftliches Begleitprogramm ergänzt. Es gab Kabarettdarbietungen, Vorträge, politische Debatten, Filmvorführungen, Autorenlesungen und wissenschaftliche Kolloquien. Jürgen Sparwasser lud zum Fußball-Talk, Bettina Wegner präsentierte alte und neue Lieder, Täve Schur gab Autogramme, Friedrich Schorlemmer stellte sich den Fragen Berliner Journalisten, der Mitteldeutsche Rundfunk übertrug eine Fernsehdiskussion über die Ausstellung, und am 4./5. September fand eine landeshistorische Tagung statt.

Als die Ausstellung am 13. September ihre Tore schloß, waren über 80.000 Besucher im Kraftwerk gewesen. Nach einer deutlichen Zurückhaltung von Mai bis Juli hatte im August und im September das Besucherinteresse stark zugenommen, insbesondere stimuliert durch die regionale und überregionale Presseberichterstattung. Die Mitteldeutsche Zeitung hat die Ausstellung im August und September mit einer Serie begleitet und darin nicht nur in präziser und Interesse weckender Weise über die vierzehn Abteilungen berichtet, sondern auch Experten mit Kommentaren, mit kritischen, ergänzenden und vertiefenden Stellungnahmen zu den einzelnen Themen zu Wort kommen lassen. „Die Zeit" hat *mittendrin* im August als die am „besten komponierte kulturhistorische Ausstellung, die in diesem Sommer in deutschen Landen zu sehen ist" vorgestellt und den Imperativ formuliert „Altbundesbürger, fahr nach Vockerode". Ende Juli schon hatte die „Berliner Zeitung" die Ausstellung entdeckt und den Hauptstadtbewohnern einen Besuch empfohlen. Die Veranstaltung habe „mehr Neugier verdient", so war dort zu lesen, „denn Vockerode steht für einen unterbrochenen Energiestrom und unternimmt einen höchst sinnlichen Deutungsversuch der Geschichte".

Kurz vor ihrem Ende, nachdem ab Mitte August die Besucherzahlen enorm hochgeschnellt waren und kaum ein Tag im „entlegenen" Kraftwerk unter 1.000 Gästen blieb (an den letzten Wochenenden wurden jeweils mehr als 4.000 gezählt), war der Wunsch laut geworden, die Ausstellung zu verlängern. Öffentlichkeit und Presse plädierten für eine Öffnung bis Mitte Oktober. Dies schien den Verantwortlichen aus konservatorischen Gründen nicht opportun, denn eine Beheizung der Kessel war nicht möglich, was in Anbetracht der im Herbst üblichen niederen Temperatur- und steigenden Luftfeuchtigkeitswerte jedoch unabdingbar gewesen wäre. Gegen eine Wiederholung im Jahr 1999 (wie dies im Oberhausener Gasometer 1995 praktiziert worden war) sprach die Hochrangigkeit vieler Exponate, die nicht noch einmal über Monate „versetzt" werden sollten. Damit wäre das Entgegenkommen und die Freundlichkeit der Leihgeber im Jahr 1998 über Gebühr strapaziert worden.

Außerdem: Ausstellungen sind Unternehmungen auf Zeit. Anders als Museen präsentieren sie ihre Schaustücke in ungewohnten, immer wieder neu erschlossenen und neu durchdachten Zusammenhängen. Deshalb können sie in ihren Thesen und mit ihren Bildern mutig sein. Sie müssen es sogar, wenn sie der öffentlichen Diskussion über ihren Gegenstand Stoff und Richtung geben wollen. Das war bei *mittendrin* der Fall. Die Ausstellung hat es an Mut nicht fehlen lassen. Das bezeugen die Diskussionen, die über sie und – davon ausgehend – über das historische Selbstverständnis des Landes und seine Identität geführt wurden.

Die Ausstellungsmacher hatten stets vermieden, das Unternehmen im Kraftwerk Landesausstellung zu nennen. Sie sahen *mittendrin* als eine erste Versuchsanordnung, als erste Reflexion an einem Ort, der sich als „Geschichte im Stillstand" präsentierte und deshalb in besonderer Weise Fragen an die regionale Geschichte herauszufordern schien. Dennoch ist die Ausstellung in der Öffentlichkeit und in der Presse immer wieder mit dem „Ehrentitel" Landesausstellung versehen worden. Dabei wollte sie nichts anderes als, wie das Deutsche Allgemeine Sonntagsblatt am 17. August schrieb, „einen kleinen „Schritt der Selbstvergewisserung" tun. Das hat sie getan und dabei das Kraftwerk Elbe, wie es an gleicher Stelle hieß, „seine Feuerprobe als kultureller Ort mit Glanz" bestehen lassen.

Gottfried Korff

Das Kraftwerk Elbe in Vockerode als Ausstellungshaus

Wo wirtschaftliche Dürre herrscht,
ist es nicht das Schlechteste,
Industrieruinen mit ein wenig Kultur
zu begrünen.
Fritz. Das Magazin, Juni 1998

Altbundesbürger, fahr nach Vockerode. Du kannst es nicht verfehlen! Nimm die A 9, und du siehst bei Dessau, unmittelbar an der Elbe, die vier riesigen Türme eines stillgelegten Kraftwerks. Dorthin mußt du, und du erlebst die am besten komponierte kulturhistorische Ausstellung, die in diesem Sommer in deutschen Landen zu sehen ist.
Haug von Kuenheim
Die Zeit, 13. August 1998

Was nun beginnen soll, ist spektakulär: die kulturhistorische Landesausstellung erhält Deutschlands größtes Transparent mit etwa 1400 Quadratmetern Fläche.
Claus-Bernd Fiebig
Mitteldeutsche Zeitung, 9.Juli 1998

Wo mit der Braunkohle früher eine ganze Landschaft verbrannte und das Elbwasser zu Dampf verkochte, finden sich nun die in historischen Feuern gehärteten Relikte neben den Schlacken der Vergangenheit.
Mitteldeutsche Zeitung, 23. Mai 1998

Die Geschichte der sachsen-anhaltinischen Region ist sicher noch nie so intelligent und liebevoll bis ins kleinste Detail präsentiert worden wie in Vockerode. Und die Beschränkung auf 1500 (klingt nur viel) zum Teil noch nie öffentlich gezeigte Objekte tut das ihre dazu, daß der Besucher bereichert, nachdenklich und beschwingt zugleich den Heimweg antritt.

Haug von Kuenheim
Die Zeit, 13. August 1998

Wäre das Braunkohlekraftwerk Vockerode ein Schiff, dann ein gestrandetes. 1994 haben sich hier die letzten Schlote ausgehustet. Der 12-Turbinen-Riese an der Elbe, einst stolzer Energiespender der DDR, wurde Ende 1994 vom Stromkonzern VEAG abgeschaltet. ... „Mittendrin. Sachsen-Anhalt in der Geschichte", heißt die Ausstellung, die seit Mai bis Mitte September in Vockerode läuft – mittendrin in den Eingeweiden des stillgelegten Kraftwerks.

Constanze von Bullion
die tageszeitung, 17. Juni 1998

Die Ausstellung läßt das längst Vergangene lebendiger erscheinen als den betäubten Riesen, dessen Dämmerzustand kaum mehr vom Schlaf des Todes zu unterscheiden ist.
Mitteldeutsche Zeitung, 23. Mai 1998

Wenn es am schönsten ist, soll man aufhören: Die Entscheidung gegen eine Verlängerung der Landesausstellung im Kraftwerk Vockerode trifft das Unternehmen, das zunächst mit erheblichen Anlaufschwierigkeiten zu kämpfen hatte, auf dem Höhepunkt seiner Popularität. Daß die Veranstalter trotz stetig steigender Besucherzahlen der Versuchung zur Fortsetzung widerstanden, zeigt ihr Verantwortungsbewußtsein für die ihnen anvertrauten Exponate.
Mitteldeutsche Zeitung, 5. September 1998

Urplötzlich öffnet sich das düstere Treppenhaus in die 270 Meter lange Maschinenhalle, wo einmal Turbinen und Generatoren standen. In ihrer Mitte hängt an einer Stahlgitterkonstruktion das größte Exponat der Ausstellung von der Hallendecke. Es ist die Leuchtreklame „Plaste und Elaste aus Schkopau", die einst an der Transitautobahn für die Erzeugnisse der Buna-Werke warb. Nach der Wende mußte sie weg, da sie laut Bundesfernstraßenverordnung unzulässig war. Nun kehrte sie als Leihgabe des Deutschen Historischen Museums in die Region zurück.

Winfried Kretschmer

Sächsische Zeitung, 29./30. August 1998

Warum aber das Unternehmen den flapsigen Namen „mittendrin" tragen muß, bleibt das Geheimnis der Veranstalter.

Rolf Schneider,

Die Welt, 16. Juli 1998

...die schlicht „mittendrin" heißt, aber auch nicht besser heißen könnte. Es ist der gelungene Versuch, die Geschichte Sachsen-Anhalts, gegliedert in ein Dutzend Themenbereiche anhand von zum Teil ganz exquisiten Exponaten, darzustellen. Das Besondere aber ist der Ort. Nicht ein Kloster, wie die Sachsen es für ihre zur selben Zeit laufende Landesausstellung bevorzugen, sondern eine stillgelegte Dreckschleuder – das berühmt-berüchtigte Elbekraftwerk.

Haug von Kuenheim

Die Zeit, 13. August 1998

Aufbau der Ausstellung

Ehemalige Kraftwerker und Kumpel des nahegelegenen Braunkohletagebaus Golpa/Nord haben in die meterdicke Wand jedes Kessels eine Tür gebrochen und im Innenraum eine stählerne Zwischenetage eingezogen.

Winfried Kretschmer
Sächsische Zeitung, 29./30. August 1998

In den zwölf Heizkesseln des Werks fanden die Ausstellungsmacher Räume, wie sie noch niemand sah. Über dreißig Meter hoch steigen die Schlünde der Brennkammern empor, in denen einst ein nie verlöschender Feuerball aus Braunkohle die Siederohre an den Wänden erhitzte. Darin stieg der Dampf auf, der die Turbinen trieb. Gleich gotischen Rippengewölben verliert sich das Geflecht der Rohre in dämmrigen Höhen.

Günter Kowa
Berliner Zeitung, 21. Juli 1998

...imposantes Ergebnis ...
monatelanger Bemühungen...
Kerstin Stephan
Megawatt, Juni 1998

Dabei ist die Veranstaltung wohlüberlegt und präsentiert sich in angemessener Form. Sie gewinnt ihrem diffusen Gegenstand ein paar über sich hinausweisende Aspekte ab, sie operiert mit den Möglichkeiten moderner Ausstellungsästhetik.
Rolf Schneider
Die Welt, 16. Juli 1998

Themen der Ausstellung

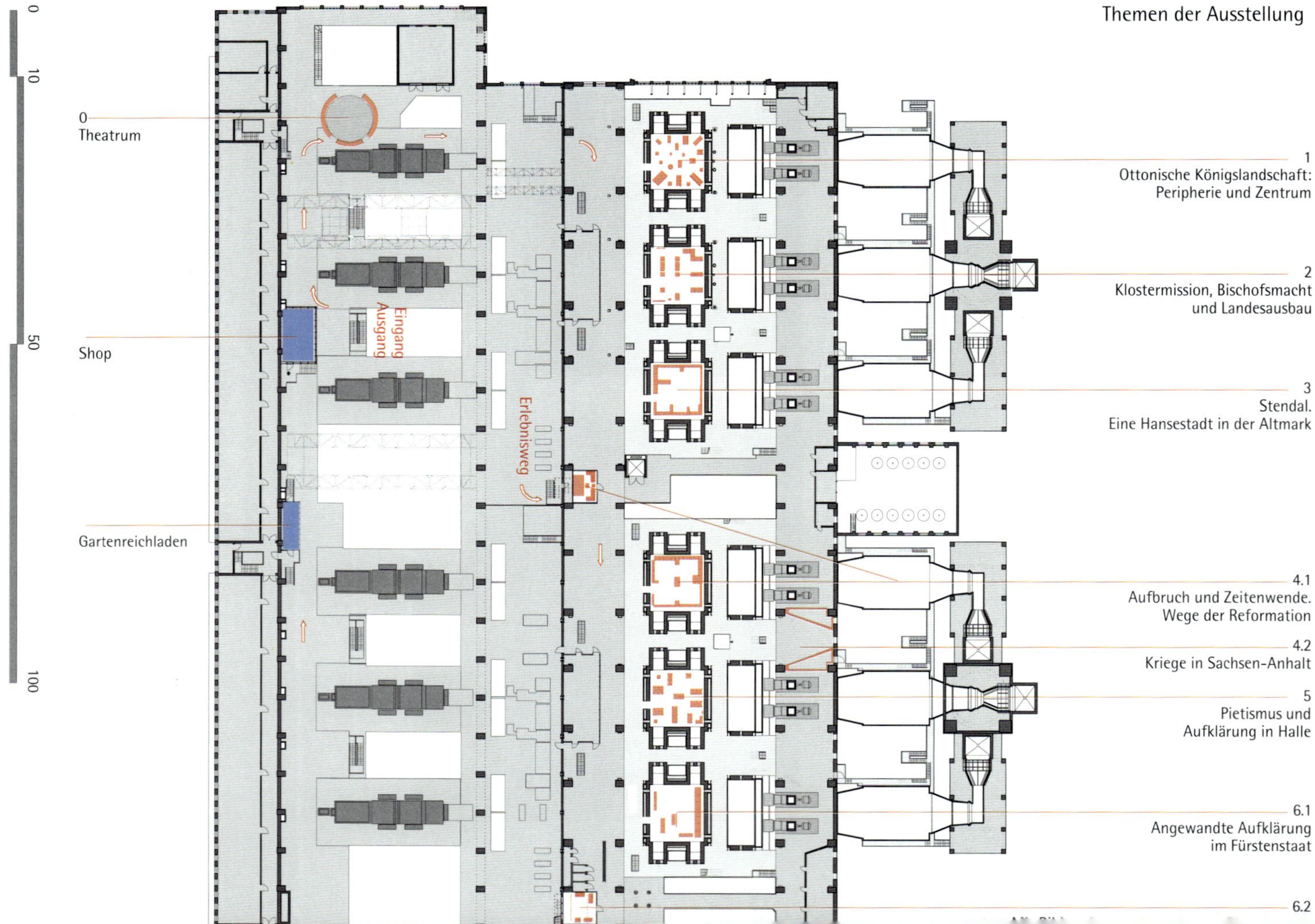

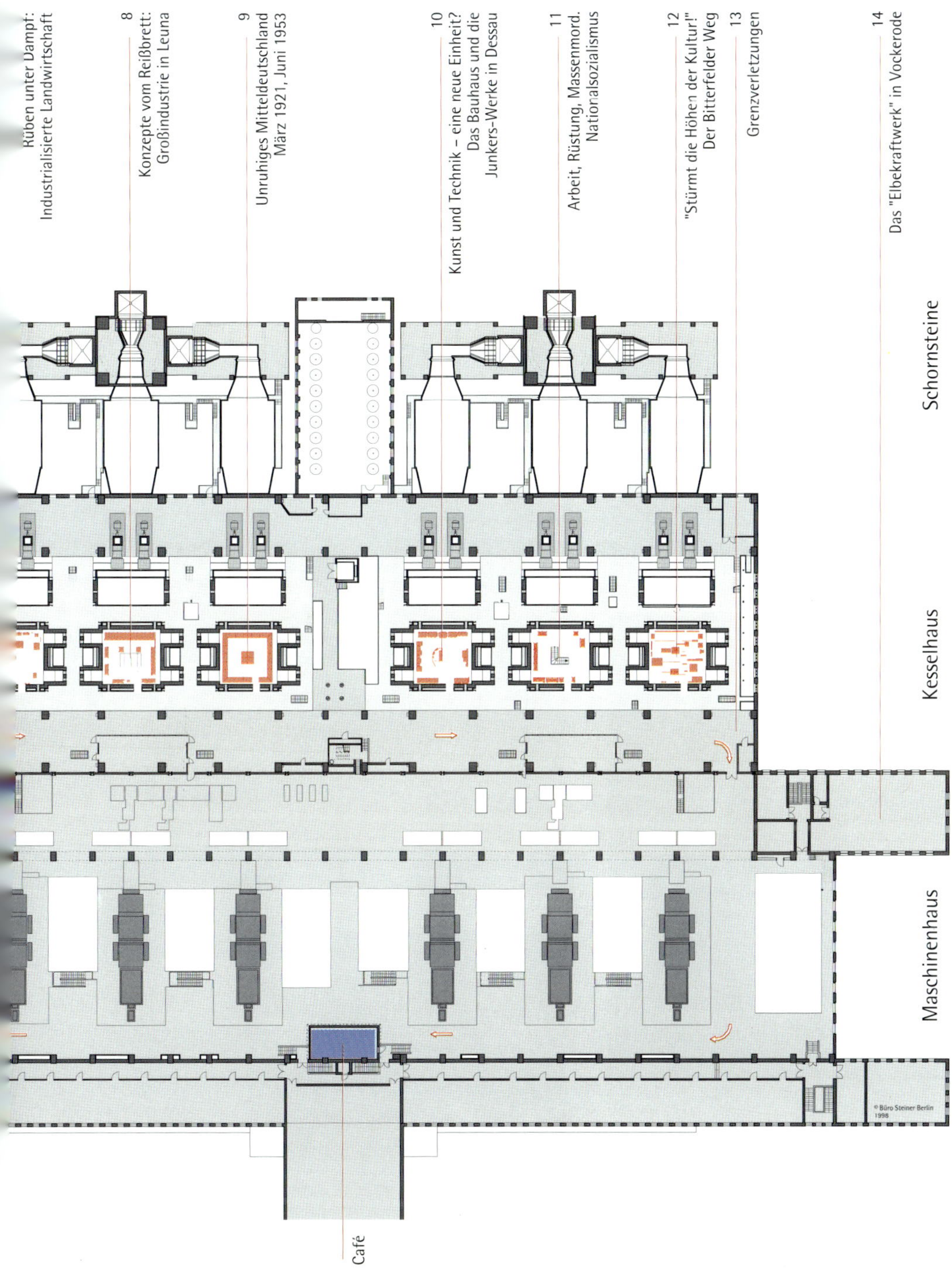

Kraftwerk Vockerode Ebene + 8,00 m

Aus der „Chronik des Werksarchivs"

Die Schaltwarte des Kraftwerks Elbe nach den Sprengungen im Rahmen der Demontage. Vermutlich aufgenommen 1946/47 vom Dach des erhalten gebliebenen Kohlenbunkers.

Die Einweihung der 3. Ausbaustufe am 14. November 1958.

Ein Leitstand im Kesselhaus nach der 3. Ausbaustufe, aufgenommen am 5. Februar 1959.

Die Turbinenhalle mit den 32 Megawatt-Dampfturbinen.

Beim Ausbau der Schrägbandbrücke (Ostgiebel), aufgenommen am 27. Mai 1959.

Transformation

Als ich am frühen Nachmittag des 15. Mai 1998 in der Maschinenhalle des Kraftwerks Vockerode stand und von einem wohligen Schauer ergriffen wurde, lag dies weder an der Überanstrengung der letzten Tage und Nächte im Zuge des Aufbaus der Ausstellung *mittendrin*, noch an der Euphorie, die komplizierte Aufgabe doch noch zu Ende gebracht zu haben. Auch die Ouvertüre aus Richard Wagners Tannhäuser, vorgetragen von der Sachsen-Anhaltischen Philharmonie, hätte in einem Konzertsaal nicht diese Gefühle hervorrufen können. Es war, wie mir nach den ersten zehn Takten gewahr wurde, die ungeahnte Akustik, die Wagners Werk in eine unbekannte Qualität entrückte. Wer hätte gedacht, daß die schmucklose, riesige, ihrer ursprünglichen Funktion entrissene Maschinenhalle ein philharmonisches Resonanzvolumen bietet. Unweigerlich regte der Musikgenuß Gedanken an, ob die Architekten und Ingenieure des Kraftwerks in den dreißiger und auch fünfziger Jahren beim Bau und Wiederaufbau der Maschinenhalle Prinzipien befolgten, an denen sich schon Gottfried Semper für den Bau des heute nach ihm benannten Opernhauses in Dresden orientierte. Um eine gute Akustik zu erreichen, so Semper, müsse er eine "barocke Bauweise" anwenden. Er verordnete daraufhin dem Zuschauerraum Säulen, Halbsäulen, Pilaster, horizontale und vertikale Profilierung, vielfältigen Wandschmuck und Konchen. Große Teilräume, aufgebaut aus letztlich einfachen, geometrischen Volumina, überlagern und durchdringen sich horizontal und vertikal. Die Decken sind reich gegliedert.

Nicht nur das Eröffnungspublikum wurde durch die akustische Eigenart des Kraftwerks überrascht, auch die Initiatoren der Expo 2000 Sachsen-Anhalt GmbH und die Ausstellungsgruppe setzten bei der Vorbereitung vornehmlich auf sichtbare Qualitäten des Ortes.

Wie ein riesenhafter Dampfer, am Elbeufer gestrandet, liegt das Kraftwerk inmitten des Anhalt-Dessauischen Kernlandes und symbolisiert die vorbehaltlose Umgestaltungskraft der Industrie und der Rüstung. Das Kraftwerk ist im Zuge des sogenannten Vierjahresplans zur Kriegsvorbereitung erbaut worden, am Rande eines kleinen Ortes mit einer feinen, doppeltürmigen Hallenkirche, entworfen von einem Schüler Schinkels. Den großen Achsen folgend teilte man das ehemalige Duodezfürstentum – heute mit Vorliebe Gartenreich genannt – in Sichtweite des Kraftwerks durch die Autobahn Berlin - München. Diese überquert mit einer gewaltigen Stahlbrücke den Fluss, der etwas weiter östlich für das Kraftwerk die zentrale Rolle des Kühlmediums erfüllte und der eigentliche Standortfaktor war – die Nähe zum Wasser war wichtiger als die Entfernung zur Braunkohle.

Das nach dem Krieg total demontierte Kraftwerk wurde zu Beginn der fünfziger Jahre, angetrieben von einer Politik der Rückbesinnung auf die heimische Braunkohle, wieder aufgebaut und flugs nach alten Plänen auf die heutigen Abmessungen verdoppelt. Jede Seite des Kraftwerks zeigt ein eigenes Bild. Betritt man von Süden das Gelände erhebt sich eine wahre Gebäudekaskade. Sechs Höhenniveaus erstrecken sich in unterschiedlichen Breiten, hintereinandergestaffelt von der Elektrizität zur Kohle: 110 kV Haus, 6 kV Haus, Maschinenhaus, Hilfsmaschinenhaus, Bunkerreihe, Kesselhaus. Nähert man sich vom Osten dem Kraftwerk, fällt das eigenwillige Spiel der Schornsteine auf, in immer wieder veränderten Winkeln gesehen, zeichenhaft in den Himmel ragend. Einem Spannbetonwerk mußten ein Teil der Bekohlung und verschiedene Hilfsgebäude des

Kraftwerks weichen. Es entstand simple Industriearchitektur, die sich unbeholfen bemüht, mit einigen Klinkerfassadenelementen dem Ort Rechnung zu tragen. Im Norden überrascht die riesenhafte Breitseite des Kraftwerks Spaziergänger auf dem Fürst-Franz-Wanderweg. Die auf rechtwinkliger Betonbalkenkonstruktion stehenden Schornsteine sind inzwischen losgelöst vom Kraftwerk, da die für den Kraftwerksbetrieb notwendigen Verbindungen 1998 abgebrochen wurden.

Den nach dem Ende der Deutschen Demokratischen Republik im westeuropäischen Stromverbund überflüssig gewordenen Industrieriesen temporär kulturell zu nutzen, war eine Herausforderung besonderer Art, standen doch für bauliche Massnahmen nur geringe Mittel zur Verfügung. Die Begrenzung der Mittel förderte aber einen ganz eigenen Umgang mit dem Objekt. Jegliche Raumverschönerung musste unterbleiben. Gefahrloses, unbegleitetes Begehen durch das Publikum und das Schaffen von Ausstellungsräumen war oberstes Ziel der gestalterischen Arbeit. Erschwert wurde diese durch den noch während der Ausstellungsvorbereitungen erfolgten Abbau der Turbinen und Generatoren. Nicht eine der Maschinen verblieb im Kraftwerk. Darüber hinaus wurden alle nichttragenden Teile des Maschinen- und Hilfsmaschinenhauses konsequent "rückgebaut": gigantische Rohrleitungen, die Kondensatoren, in denen Prozessdampf nach dem Durchströmen der Turbinen mittels Elbewasser zu Prozesswasser abgekühlt wurde. Glücklicherweise überwiegt unbrauchbare Konstruktionsmasse im Kesselhaus. Ohnehin dunkel und vollgebaut gibt es dort nur Spuren des Ruinösen. Eine andere Welt eröffnet sich: Kein Dornröschenschlaf, denn nach dem Entfernen der Spinnweben und des Staubes beginnt das Leben nicht von Neuem, sondern der Betriebsstillstand wird offensichtlich.

Die Idee, vornehmlich das Kesselhaus, und in diesem größten Bauteil des Kraftwerks, wiederum als Perlen einer Kette, die Kessel zu bespielen, erwies sich als glückliche Entscheidung – zwölf Kessel für zwölf herausragende, regional definierte Epochen der Geschichte auf dem Territorium des heutigen Sachsen-Anhalt. Kessel, so nennen die Kraftwerker die Öfen, in deren Innenraum die Kohle verbrannt und dadurch die vor der Wand angeordneten Siederohre erhitzt wurden. Diese Energieumwandlungszellen sind mit einer neu eingebauten stählernen Verkehrsfläche von 8 Meter x 8 Meter begehbar gemacht worden und bilden Kammern, in denen jeweils ein Thema mit 50 bis 100 Objekten umgesetzt werden kann. Je nach Lichtstimmung wirken die Räume bedrohlich, heimelig oder fremd, immer aber wecken sie Neugierde. Ihre Ästhetik ist allgegenwärtig und raumbestimmend. In Harmonie mit ihr, lässt sie feine Nuancen zu. Jeder Raum wird anders, eigen und ist dennoch mit den anderen verklammert, ein zwölftöniger Akkord erklingt.

Die Kessel sind sichere Aufbewahrungsorte von Kulturgut. Die klimatischen Verhältnisse in den hohen Kammern sind gut zu beherrschen, die Luft darin ist frei von Schadstoffen. In zwei Fällen sind in die Kessel gläserne Innenräume gebaut worden, die dank der Teiltransparenz das sie Umgebende noch ahnen lassen; Raumklimaanlagen gewährleisteten dort gute Bedingungen für Objekte und auch für Menschen. Klimatisch empfindliches Ausstellungsgut in den anderen Kesseln ist in entsprechenden Vitrinen mit eigenem Klimatisierungssystem aufbewahrt worden.

Die Verbindung einer Ausstellung mit einer stillgelegten Kathedrale der Braunkohle und Elektrizität ist ein ganz besonderes Ereignis. Die Expo 2000 Sachsen-Anhalt und die Ausstellungsgruppe hätten es sich einfacher machen können, wenn sie kulturelle Veran-

staltung und Begehbarmachung des Ortes nicht zusammengeknüpft hätten, denn groß waren die Bedenken auf beiden Seiten der Skala. Viele Museumsvertreter konnten für das Vorhaben gewonnen werden, andere blieben skeptisch, und manche der Kraftwerker – deren Hilfe immer engagiert und sachkundig war – glaubten bis in die letzten Wochen hinein nicht so recht an das Gelingen. Zu ungewöhnlich waren Ansatz, Weg und Realisierung.
Trotz Autobahnanschluss liegt Vockerode abseits der Ballungsräume der Republik. Dennoch liegt es *mittendrin* – im Dessau-Wörlitzer Gartenreich, in Deutschland, in Europa. Möge es in der Zukunft gelingen, das Kraftwerk als Veranstaltungsraum zu erhalten und die Qualität der Räume zu erproben. Gewiss ist es nicht nur die Akustik, die überraschen wird.

Jürg Steiner

0 Das Theatrum

Damit ist jener Vorläufer des heutigen Museums ins Gedächtnis gerufen, in dem mit vielerlei Mitteln und in vielerlei Gestalt ein umfassendes, gleichwohl offenes Bild der Welt im Ganzen oder aber bestimmter „Zeitläufe" arrangiert wurde. Theatrum nannten sich sowohl die illustrierten Chroniken wie die Bild- und Ding-Installationen des 16. und 17. Jahrhunderts, die daran Gefallen fanden, „die einzelnen Materialien und hervorragenden Abbilder der Gesamtheit der Dinge" vorzuzeigen. So wie historisch das Theatrum mit seinem Ineinander von systematischer Information und objektbezogener Anekdote dem Museum als Institution vorangeht, so steht es auch in *mittendrin* am Anfang, um gleichermaßen einen Überblick über das Ganze und Einblick in die Imaginationstechniken der Ausstellung zu geben. Damit ist das Theatrum auch so etwas wie eine Gebrauchsanleitung für das Studium dessen, was im Kesselhaus und in der Maschinenhalle des Kraftwerks zu sehen ist.

Das „Theatrum", ein gläserner Pavillon in der Ecke der Halle, bildet den Auftakt zu der Ausstellung ... ein irritierender Parforceritt durch die Jahrhunderte. Die Irritation ist gewollt, die zusammenhanglos präsentierte Vielfalt Programm: Die Ausstellung ist ein kulturhistorischer Streifzug, der die offizielle Geschichtsschreibung ebenso einschließt wie die Alltagsgeschichte der kleinen Leute, Aufstand ebenso wie Unterdrückung und Terror, die Geschichte der Industrialisierung wie die der Umweltzerstörung, die in der Region zwischen Bitterfeld und den riesigen Braunkohletagebau-Anlagen an ihren Extrempunkt geführt worden ist.

Winfried Kretschmer

Rheinischer Merkur, 3. Juli 1998

Dies ist ein Theater der sprechenden Dinge, deren Raunen nur von der Stimme des Erzählers übertönt wird. Das Auf- und Abgleiten der historischen Karten im Schnürboden markiert wechselnde Szenarien, in denen der Besucher nach dem Platz der einzelnen Akteure suchen muß. Und dabei entdeckt er überraschende Konstellationen für lächerliche wie erhabene Erscheinungen, die durch ihre gemeinsame Herkunft in Beziehung gebracht werden.

Andreas Hillger
Mitteldeutsche Zeitung, 12. September 1998

0/38

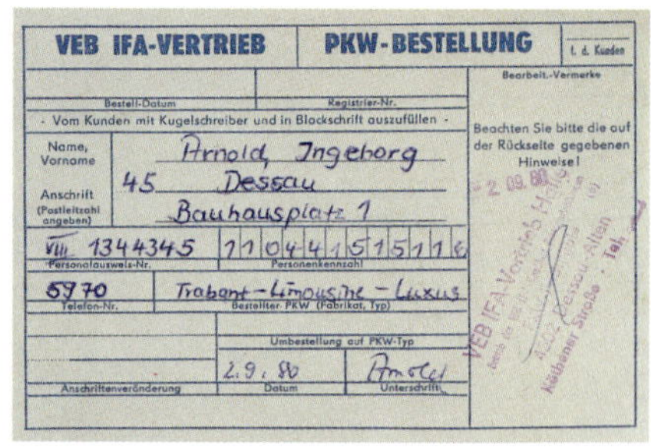

VEB IFA-VERTRIEB | PKW-BESTELLUNG | f. d. Kunden

Bearbeit.-Vermerke

Bestell-Datum | Registrier-Nr.

- Vom Kunden mit Kugelschreiber und in Blockschrift auszufüllen -

Name, Vorname: Arnold, Ingeborg

Anschrift (Postleitzahl angeben): 45 Dessau, Bauhausplatz 1

Personalausweis-Nr.: VIII 1344345

Personenkennzahl: 1104415151116

Telefon-Nr.: 5970

Bestellter PKW (Fabrikat, Typ): Trabant-Limousine-Luxus

Anschriftenveränderung

Umbestellung auf PKW-Typ

Datum: 2.9.80

Unterschrift: Arnold

Beachten Sie bitte die auf der Rückseite gegebenen Hinweise!

2.09.80

VEB IFA-Vertrieb Halle

Dessau-Alten

Kühnauer Straße · Tel.

0/27b

Wie denn „mittendrin" zudem recht kurzweilig ist. Wo sieht man alle Tage ein Seidenbeutelchen mit den Nabelschnurresten der Kinder des „Alten Dessauers". („Welche Absicht die Eltern damit verfolgten, die Nabelschnüre von mindestens sieben ihrer Kinder zu den Akten zu nehmen, gehört zu den wohlgehüteten Geheimnissen des Fürstenhauses", heißt es in dem vorzüglichen Katalog, der leider viel zuwenig Abbildungen enthält.) Täve Schurs Rennrad gibt es zu sehen oder die echte Lutherkanzel, einen „Katechismus der Schaafzucht" oder das Schwert, das Pfarrer Schorlemmer zu einem Pflug umschmieden ließ.

Haug von Kuenheim

Die Zeit, 13. August 1998

1 Von der Peripherie zum Zentrum – eine ottonische Königslandschaft entsteht

Im Jahr 919 setzte sich Herzog Heinrich bei der Königswahl unter den anderen Stammesherzögen im geschwächten ostfränkischen Reich als der „wahre" und „heilbringende" Königskandidat durch. Er stammte aus einer sächsischen Adelsfamilie, diese war mit den Karolingern verschwägert, deren Kaiser Karl der Große die Sachsen einst unterworfen hatte. Ihre Macht beruhte auf den Besitzungen im thüringisch-sächsischen Raum, der Grenzregion des fränkischen Imperiums. Um 1000 hatte sich das Land in eine der hochentwickelten Kulturregionen der lateinischen Welt verwandelt. Die Kerngebiete der königlichen Herrschaft zwischen Harz und mittlerer Elbe blieben Grenzregion, trotz der positiven Impulse, die von den Pfalzen, Burgen, Märkten, Klöstern und Stiften ausgingen. Der Kampf gegen die Slawen verband sich hier mit der missionarischen Entfaltung der Kirche.

Bereits im ersten Raum, den Ottonen gewidmet, wecken die vielen, hinter den historischen Bildzeugnissen senkrecht verlaufenden Rohrleitungen Erinnerungen an die Bündelpfeiler hochmittelalterlicher Dome.
Rolf Schneider
Die Welt, 16. Juli 1998

In sinnvoll-zweckentfremdeter Weise machen die 30 Meter hohen Stahlkessel Kulisse für einen einmalig komprimierten Auftritt tausendjähriger Geschichte.
Kerstin Stephan
Megawatt, Juni 1998

Die eisernen Steigbügel und Sporen markieren im unmittelbaren Vergleich mit den schlichten slawischen Keramiken einen Epochensprung, der auch als Kulturschock gewirkt haben dürfte. Und wer die kleinen heidnischen Idole mit den Kapitellen der romanischen Kirche vergleicht, mag die Durchschlagskraft der christlichen Mission zumindest erahnen.
Andreas Hillger
Mitteldeutsche Zeitung, 9. September 1998

2 Klösterliche Mission und bischöflicher Landesausbau

Nachdem das Heer Kaiser Heinrichs V. (1111-1125) in der Schlacht am Welfesholz bei Hettstett im Jahre 1115 besiegt und damit die Königsmacht erfolgreich aus Sachsen zurückgedrängt worden war, bestimmten weltliche und geistliche Adlige das Geschehen. Fürsten und Grafen hatten bereits begonnen, die Grenze in östlicher Richtung zu verschieben und Grundlagen für den Aufbau der späteren Landesherrschaft zu legen. Zusammen riefen sie Reformorden sowie flämische und westdeutsche Siedler ins Land, um durch umfangreiche Kultivierung neue Gebiete zu gewinnen. Das Christentum wurde nach der Mitte des 12. Jahrhunderts auch östlich von Saale und Elbe durchgesetzt. Bis zur Reformation entwickelten sich zahlreiche, mit Ländereien reich ausgestattete Klöster und Stifte zu bedeutenden wirtschaftlichen und kulturellen Zentren. Das Erzbistum Magdeburg erlebte eine Glanzzeit unter Erzbischof Wichmann (1152-1192).

Für den Kessel 2 der Ausstellung „mittendrin" hat der Architekt Jürg Steiner jene klobigen Kirchen skelettiert, die einst als christliche Bollwerke gegen die Slawen errichtet wurden. Im romanisch gewölbten Raum treffen nun zwei durch Längs- und Querstreben kongruent gebildete Objekte zusammen, die sich nicht nur durch ihre optische Ähnlichkeit als gleichberechtigte Leitmotive der Epoche empfehlen: Das Kreuz und das Schwert.

Andreas Hillger

Mitteldeutsche Zeitung, 5. September 1998

...eines der originellsten Museen der Welt....

Bernd Lähne

Leipziger Volkszeitung, 16. Mai 1998

... die konservatorischen und klimatischen Bedingungen erwiesen sich als denkbar gut.
Ute Semkat
Die Welt, 29. Mai 1998

Für brennend Interessierte gleicht der Gang durch die Geschichte manchmal einer Fahrt in höllische Tiefen und manchmal einem Triumphzug in lichte Höhen. Beispiel: Langsam verrottende Blechbüchsen aus den „Werken für Zucker- und Chemische Industrie AG" erinnern an die Dessauer Zyklon B-Produktion für Auschwitz. Eine Handschrift des „Quedlinburger Sachsenspiegels" dagegen kündet von Eike von Repgowes juristischen Innovationen aus dem 13. Jahrhundert.
Fritz. Das Magazin, Juni 1998

2/60

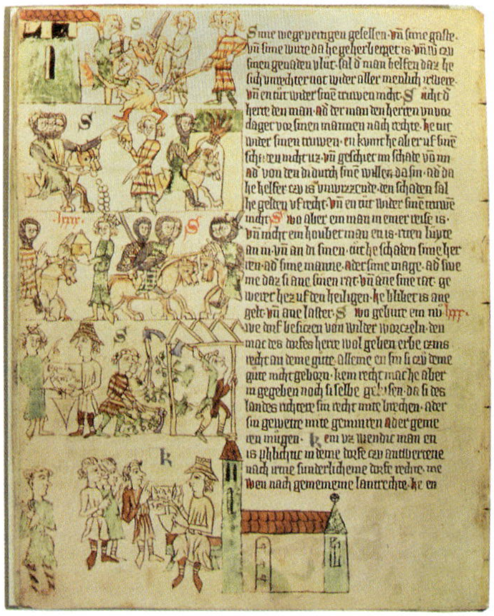

2/48

2/46

2/47

3 Städtische Verfassung
Repräsentation und Frömmigkeit

Adel und Geistlichkeit traten seit dem 12. Jahrhundert als Städtegründer und Förderer von bereits bestehenden Marktsiedlungen auf. Die Beziehungen zum Stadt- und Landesherren entschieden oftmals über Wohl und Wehe der entstehenden Städte. Sie grenzten sich durch ihre gesellschaftlichen, rechtlichen und wirtschaftlichen Besonderheiten deutlich vom agrarischen Umland ab. Stendal gehört zu den geplanten Städtegründungen. Die durch Handwerk und Handel zu Reichtümern gelangte Stadtgemeinde nutzte ihre autonome Stellung, um als Auftraggeber von backsteinernen Stadtkirchen und öffentlichen Bauten ihre Auffassung von Repräsentation und Frömmigkeit umzusetzen. Überregionale Bedeutung erlangte Stendal als Hansestadt und Mitglied in zahlreichen Städtebünden.

Jeder Kessel bekam seine eigene Inszenierung, aus Brennkammern wurden Schatzkammern. Wände aus ausgebranntem, rauhem Mauerwerk, bedeckt von oxidierten Heizrohrschlangen, stehen nun in reizvollem Kontrast zum glatten Ölgemälde oder zum filigranen Kirchenfenster aus der altmärkischen Hansestadt Stendal.

Ute Semkat

Die Welt, 29. Mai 1998

Geschichte im Kessel. ... An den Wänden verlaufen dicht an dicht die Siederohre; Schlacke hat sich abgesetzt, so daß die Wände wie verwarzt erscheinen. Wo einst eine Temperatur von bis zu 1100 Grad herrschte, bringen sparsame Einbauten und die suggestive Lichtregie sorgfältig ausgewählte und präsentierte Exponate zur Geltung.

Johannes Wendland,

Deutsches Allgemeines Sonntagsblatt, 7. August 1998

Die Brennkammer, in der dies inszeniert ist, vermittelt auf wunderbare Weise die Atmosphäre eines Ratssaales.

Haug von Kuenheim

Die Zeit, 13. August 1998

Obwohl sich die Darstellung in der Schau ausdrücklich auf die mittelalterliche Hansestadt Stendal bezieht, trifft sie doch verallgemeinerungswürdige Aussagen über das Werden und Wachsen der Kommunen in Mitteldeutschland.

Andreas Hillger

Mitteldeutsche Zeitung, 3. September 1998

3/17

3/2

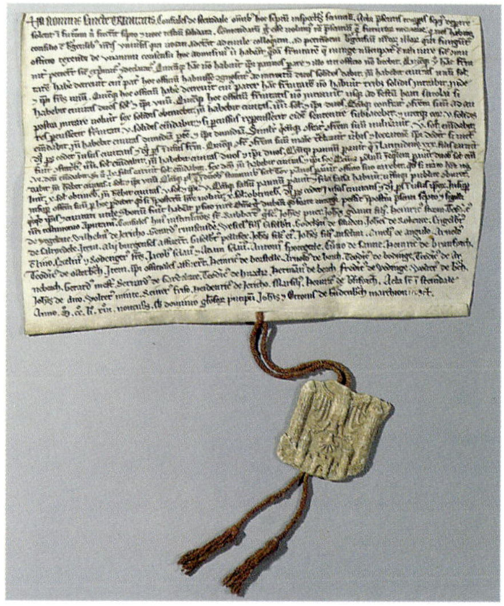

3/6

Wege der Reformation

Mit der Reformation gewann der Raum Sachsen-Anhalt eine europäische Bedeutung. Im Mittelpunkt stand anfangs die Stadt Wittenberg. Die kursächsische Residenzstadt bot besonders gute Bedingungen für ein neues Denken. Es konzentrierte sich auf die 1502 gegründete, für innovative Wissenschaften offene Universität. Die kritische Auseinandersetzung mit der tradierten scholastischen Theologie führte zur Spaltung der alten Kirche. Zugleich verband sich die Reformbewegung, ausgelöst durch programmatische Schriften wie Luthers „Von der Freiheit eines Christenmenschen", mit gesellschaftspolitischen Forderungen der Zeit. Am Ende stand ein vielschichtiges, nahezu alle Lebensbereiche umfassendes Ereignis von epochaler Wirkung.

Schwierigkeiten gab es bei der Beschaffung der zum Teil sehr kostbaren Leihgaben. Man hatte und hat Vorbehalte gegen den Ausstellungsort. Dabei gibt es wie überall Vitrinen, auch für das eigens für „mittendrin" restaurierte „Abendmahl" von Cranach von 1565 aus Köthen oder die vielen Urkunden oder Erstdrucke.

Peter Nöldechen
Westfälische Rundschau, 6. Juni 1998

Vockerode lohnt einen Besuch: es lohnt ihn dringend. Die Sache ist mit Geschmack und Überlegung gemacht. Sie erschlägt ihre Besucher nicht. Sie enthält ungewöhnliche Details und hinterläßt einen bleibenden Eindruck.

Rolf Schneider,
Die Welt, 16. Juli 1998

Zwölf ungemütliche Kerker für die Geschichte, in denen sich Reliquien aus der Zeit der Klostermission oder Zeugnisse der Reformation gegen die rostbraune Grundfarbe behaupten sollen.

Jens Schneider

Süddeutsche Zeitung, 20. Juli 1998

Zu zwölf Schwerpunkten verdichtet, setzen die Ausstellungsmacher einzelne Epochen in jeder der Brennkammern in ein sprechendes Verhältnis zum Raum... Ein Kasten aus Eisen, wie ihn Tetzel für seine Ablaßbriefe herumtrug, umschließt die Reformation.

Günter Kowa

Berliner Zeitung, 21. Juli 1998

4.1/44

4.1/73

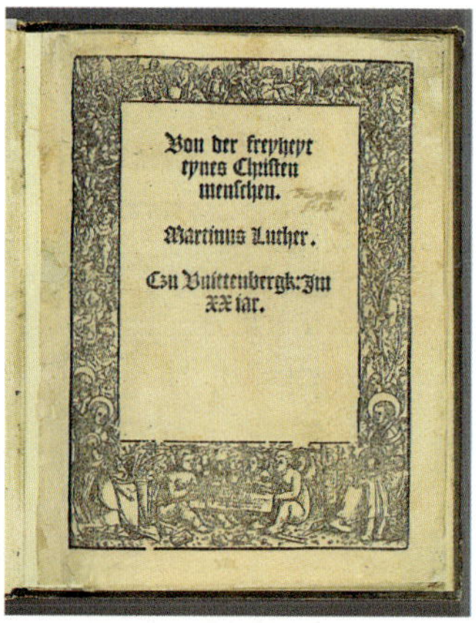

Von der freyheyt eynes Christen menschen.

Martinus Luther.

Czu Wittenbergk. Im XX iar.

4.1/77

4.2 Kriege in Sachsen-Anhalt

Der Augsburger Religionsfriede von 1555 hatte die Gleichberechtigung von Lutheranern und Katholiken gebracht und zugleich festgelegt, daß die Obrigkeit die Religion der Untertanen bestimmte. Damit war ein Kompromiß gefunden, doch Konflikte bestanden fort und entluden sich schließlich im Dreißigjährigen Krieg. In dessen Verlauf (1631) und noch einmal 300 Jahre später (1945), im Zweiten Weltkrieg, wurde Magdeburg fast völlig zerstört. Diese beiden Ereignisse haben auf dem Gebiet des jetzigen Sachsen-Anhalt bis heute in den Erinnerungen an Kriegsgreuel und Kriegsleid einen besonderen Stellenwert, sie sind zu herausragenden Merkzeichen in der Geschichte dieses Territoriums geworden.

Nun jedoch betritt der Besucher die Waffenkammer der Geschichte über einen Bombenteppich aus Blindgängern, von deren Stahlmantel er nur wenige Zentimeter entfernt ist. Hinter den Glasvitrinen erwarten ihn martialische Apparate, die der Laie mit zwiespältigen Gefühlen registriert: Die Nähe zwischen den Maschinerien der Industrie und der Vernichtung hat sich in der Historie schon viel zu oft unheilvoll bewiesen.

Andreas Hillger

Mitteldeutsche Zeitung, 27. August

5 Selbstbeherrschung und Weltveränderung – Pietismus, Aufklärung und die Gründung der Universität Halle

Die 1694 eröffnete Universität Halle war in ihren Anfangsjahren die wohl innovativste Universität in Deutschland. Nach ihrem Gründer, dem preußischen Kurfürsten Friedrich III. später „Fridericiana" genannt, wurde sie wesentlich von zwei geistigen Strömungen des ausgehenden 17. und beginnenden 18. Jahrhunderts beeinflußt - Pietismus und Aufklärung. August Hermann Francke, Pastor in Glaucha vor Halle und bereits 1692 als Professor an die im Aufbau befindliche Universität berufen, gründete 1695 das Waisenhaus, die heutigen Franckeschen Stiftungen. Mit ihren Schulen, den sozialen und wirtschaftlichen Einrichtungen sind sie sichtbares Zeichen pietistischer Frömmigkeit in Halle. Neben Francke waren es vor allem die Aufklärer Christian Thomasius und später Christian Wolff, die der Universität ihr Gepräge als moderne Staatsanstalt gaben. Sie begründeten schon frühzeitig den ausgezeichneten Ruf, den die Universität Halle genoß.

Die helle Vitrine umschließt ihren Besucher wie ein Exponat und eröffnet ihm zugleich den Blick in Höhe und Weite, der Mensch ist Student und Studienobjekt in einem. So haben ihn sich auch jene Professoren und Pastoren gewünscht, die an der Schwelle zum 18. Jahrhundert eine progressive Universität und eine gottesfürchtige Anstalt eröffneten.

Andreas Hillger

Mitteldeutsche Zeitung, 25. August 1998

5/10

5/11

Zu sehen sind das Hauptgebäude (1698–1701 err.) und die beiden, den vorderen Lindenhof begrenzenden Bauten an der Nord- und Südseite. Das Hauptgebäude wurde aus Stein errichtet. Da der heutige Nordflügel, an der Stelle des früheren Adlergebäudes gebaut, in seiner Ausführung nicht ganz mit dem Modell übereinstimmt, wird das Modell vor dessen Fertigstellung angefertigt worden sein und vielleicht ursprünglich mit zur Planungsarbeit gehört haben. Die einzelnen Etagen lassen sich öffnen und enthalten die z.T. möblierten Klassen- und Schlafräume für die Waisen sowie Ställe, Speisesaal, Buchladen etc. ...

Daniel Cyranka
Halle, Mai 1998

5/29

Über die internationalen Verbindungen Franckes wurden von überall her staunenswerte Merkwürdigkeiten gesandt und im naturkundlichen Unterricht des Waisenhauses eingesetzt, zumeist ohne den späteren Dünkel gegenüber den ethnographischen Eigentümlichkeiten fremder Kulturen, sondern mit einem frommen Staunen über die Vielfalt der anderen Welten.

Utz Jeggle

Historische Anthropologie, 1999 Heft 2

6 „Angewandte Aufklärung„ im Fürstenstaat

Im Kleinstaat Anhalt-Dessau wurde zur Regierungszeit des Fürsten Franz (1758-1817) eine Modernisierungspolitik nach Ideen der Aufklärung und englischem Vorbild betrieben. Vernunftgeleitetes Denken und Handeln sollte die Lebensverhältnisse verbessern. Neue Konzepte der Pädagogik wurden in die Praxis übersetzt. Insbesondere für das Dessauer „Philanthropin" und die dort entwickelten Lehrmethoden interessierte sich das gebildete Deutschland.
Die Landwirtschaft auf den fürstlichen Gütern folgte wissenschaftlichen Erkenntnissen, die Landschaftsgestaltung entsprach dem neuen, in England entwickelten Naturverständnis. Möbel für den Fürstenhof waren nicht nur Ergebnis kunstvollen Handwerks, ihre Gestaltung sollte auch zur Gewerbeförderung beitragen.

Im Kessel 6 fügen sich die Zeugnisse des Dessau-Wörlitzer Reformwerks zu einem stimmigen Panorama... Der pädagogische Pavillon gleicht einem Glashaus, das die schönen und anfälligen Ideale vor dem rauhen Wind der Wirklichkeit behütet. Unter spitzen Dächern träumen die Menschenfreunde hier von einer Allianz zwischen Angenehmem und Nützlichem, während draußen die widrige Welt in Schmutz und Lärm ersticken mag.

Andreas Hillger

Mitteldeutsche Zeitung, 22. August 1998

Eine große Münchner Tageszeitung mäkelte, die Verbindung zum benachbarten Wörlitz sei nicht nachdrücklich genug ausgezogen, was ein rechter Unsinn ist: Dessau und zumal dessen verdienstvoller Fürst Leopold Friedrich Franz, Anreger des Weimarer wie des Potsdamer Klassizismus, sind nun wirklich ausführlich genug dargetan.

Rolf Schneider

Die Welt, 16. Juli 1998

Auch die Zeugnisse der angewandten Aufklärung, in Sachsen-Anhalt beispielhaft umgesetzt nach dem Willen des Fürsten Leopold III. Friedrich Franz, sollen gegen die Enge des beklemmenden Feuerkessels bestehen. Und sie kommen nicht dagegen an, meistens nicht.

Jens Schneider

Süddeutsche Zeitung, 20. Juli 1998

Schnell zeigt sich, wie geglückt die Entscheidung war, die Kesselräume zu nutzen. Wenn in einem Kessel die Entwicklung der Klöster und Bistümer anhand von Urkunden und Plastiken nachgezeichnet ist, verwandelt er sich in eine Schatzkammer. Der Raum über die aufgeklärten Fürsten von Anhalt-Dessau gleicht mit Möbeln, wissenschaftlichem Gerät und Drucken einem Salon.

Johannes Wendland

Deutsches Allgemeines Sonntagsblatt, 7. August 1998

6.1/53a

6.1/4

6.1/60

6.2/18

7 Rüben unter Dampf: Industrialisierte Landwirtschaft

Schon um 1850 wurde die Zuckerrübe in der Magdeburger Börde zum Symbol der kapitalistischen, intensiven Landwirtschaft und zum Motor für die Industrialisierung. Die Rübenwirtschaft trug in der Provinz Sachsen und auch in Anhalt entscheidend zur Erschließung der vorhandenen Bodenschätze und zur Entwicklung einer bedeutenden Maschinenbauindustrie (Landmaschinen, Zuckerraffinationsgeräte) bei, die ihre Zentren in Halle und Magdeburg hatte. Die Erforschung landwirtschaftlicher Produktionsmethoden und Züchtungsverfahren wurde ebenso vorangetrieben wie die angewandte Chemie und die Verfahrenstechnik. Gleichzeitig spaltete sich die Gesellschaft in neue soziale Gruppen: Auf der einen Seite entstanden reiche Agrarunternehmer, die sich in ihrer Kultur und Lebensweise dem Bürgertum annäherten, auf der anderen Seite wuchs die Zahl der besitzlosen Landarbeiter. Aus den östlichen Provinzen Preußens und aus Polen wanderten zudem sogenannte Sachsengänger als Saisonarbeiter in die Rübenanbaugebiete ein.

Aber wenn es Sachsen-Anhalt als eine Landschaft kollektiver Erfahrungen gibt, dann verdankt es diese jedenfalls in einem hohen Maße der Runkelrübe. Nicht umsonst steht sie so triumphal inmitten der Brennkammer, die der Landwirtschaft gewidmet ist. Die Zuckerfabriken schufen den ersten großen Wohlstandsschub, aber auch eine Arbeiterkultur. Von dort ging es zum Bitterfelder Weg und weiter zum Schwert, das Pflugschar wurde.

Günter Kowa

Berliner Zeitung, 21. Juli 1998

Die Geschichte der Industrialisierung beginnt - mit der Zuckerrübe, die effektvoll aufs Podest gehoben wird.

Winfried Kretschmer

Rheinischer Merkur, 3. Juli 1998

Wie hier auf kleinstem Raum anhand weniger Exponate die Geschichte der Landwirtschaft in der reichen Magdeburger Börde dargestellt wird, ist nicht nur lehrreich, sondern auch unterhaltend. Die Rübenbarone steckten in ihrer weltmännischen Attitüde mit Cut, Spazierstock und Zigarre ihre ostelbischen Junker-Kollegen locker in den Sack.

Haug von Kuenheim

Die Zeit, 13. August 1998

Dies ist die Apotheose der Runkelrübe.

Günter Kowa

Berliner Zeitung, 21. Juli 1998

7/31a

7/10a

8 Konzepte vom Reißbrett: Großindustrie in Leuna

Im Ersten Weltkrieg begann der Ausbau Mitteldeutschlands zu einem der größten Industriereviere in Europa. Leistungsstarke Großkraftwerke, gigantische Betriebe, vor allem in der chemischen Industrie, und ausgedehnte Braunkohlegruben begannen, das Bild der Landschaft zu prägen. Eine entscheidende Etappe in dieser Entwicklung verbindet sich mit den Leuna-Werken, die ab April 1916 in nur einem Jahr errichtet wurden. In ihren großtechnischen Anlagen konnten wichtige Rohstoffe künstlich hergestellt werden. Die in kurzer Zeit vorangetriebene Industrialisierung einer ganzen Region hatte enorme soziale und ökologische Auswirkungen. Neben der Schaffung neuer und zahlreicher Arbeitsplätze sowie dem zügig betriebenen Wohnungsbau wurden neue Verkehrswege angelegt, Flüsse „reguliert" und bis in die jüngste Zeit hinein Schadstoffe ungefiltert an Menschen und Umwelt abgegeben.

Zwischen Leimen und Granulaten, Ventilen und massiven Hochdruckmänteln fesselt ein Panorama den Blick des Kessel-Besuchers, das seine Details nur aus der Ferne preisgibt. Beim Näherkommen verschwimmen die Farben und Linien in der idealisierten Werksansicht des Malers Otto Bollhagen zu bunten Schlieren auf kaltem Untergrund. Das Gemälde, 1921 für den Mutterkonzern entstanden, entpuppt sich als Diaprojektion auf einer künstlichen Eisschicht. Am unteren Rand des Bildes sammeln sich Tropfen: der Traum der Techniker schmilzt.

Andreas Hillger

Mitteldeutsche Zeitung, 18. August 1998

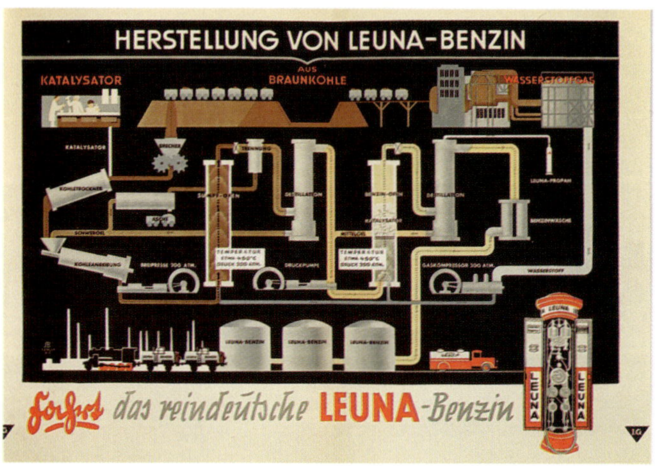

8/23

9 Unruhiges Mitteldeutschland – März 1921, Juni 1953

Im Ersten Weltkrieg entwickelte sich der mitteldeutsche Raum zu einem wichtigen Industriegebiet und zu einem Zentrum der radikalen Arbeiterbewegung. 1920 wurde die Gegend zu einer Hochburg der Kommunistischen Partei. Im März 1921 ließ die Reichsregierung das Gebiet, in dem viele Waffen versteckt waren, militärisch besetzen. Die KPD rief zum Widerstand auf, der schnell die Form des bewaffneten Kampfes annahm. Im Mansfelder Land riß der bekannte Sozialrebell Max Hoelz die Führung an sich. Sowohl die Reichswehr als auch die kämpfenden Arbeiter gingen mit äußerster Härte vor. Nach einer Woche war jeglicher Widerstand erstickt. Viele der Aktivisten von 1921 sahen sich nach 1945 von den neuen Zuständen enttäuscht. Nicht wenige wurden aus der SED ausgeschlossen und standen am 17. Juni 1953 wieder auf der Seite der revoltierenden Arbeiter.

Der Empfang verfehlt seine kalkulierte Schockwirkung nicht. Wer den Kessel 9 im Kraftwerk Vockerode betritt, blickt ohne Vorwarnung in die Mündung von zwei Maschinengewehren, die in unheilvollem Schweigen verharren. Der Effekt dieser unmittelbaren Konfrontation wird auch durch das trennende Glas und durch das offensichtliche Fehlen des Munitionsbandes nicht geschmälert.

Andreas Hillger

Mitteldeutsche Zeitung, 15. August 1998

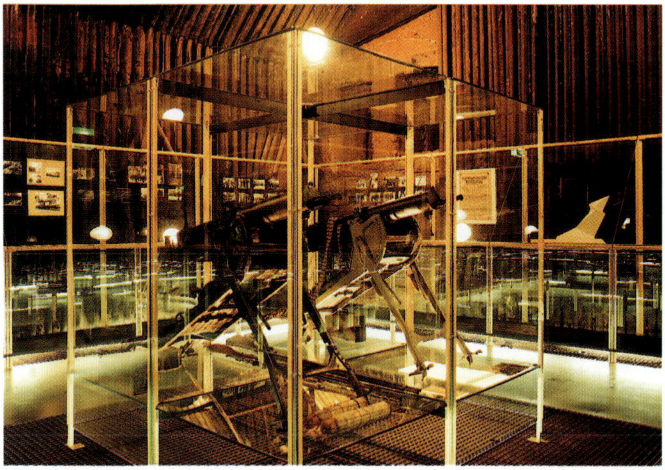

Die provokanteste These birgt die neunte Episode, die eine historische Parallele zwischen den Märzkämpfen 1921 und dem Aufstand am 17. Juni 1953 zieht.

Winfried Kretschmer

Rheinischer Merkur, 3. Juli 1998

Schon der Vergleich zwischen den Arbeiter-Aufständen von 1921 und 1953 bleibt als beeindruckende These den letzten Beweis ihrer Berechtigung schuldig.

Mitteldeutsche Zeitung, 23. Mai 1998

10 „Kunst und Technik – eine neue Einheit"? Das Bauhaus und die Junkers-Werke in Dessau

In Dessau gab es ab 1925 zwei bedeutende Zentren innovativer Entwicklungen: die Junkers-Werke, berühmt für so unterschiedliche Produkte wie Gasbadeöfen, Motoren und die ersten Ganzmetallflugzeuge der Welt, und das Bauhaus, zuvor in Weimar, das 1925 in Dessau als „hochschule für gestaltung" neu gegründet worden war. Als erste reformierte Kunsthochschule setzte das Bauhaus ein neues Ausbildungsprogramm um, das im Sinne einer ganzheitlichen Gestaltung alle künstlerischen Disziplinen miteinander verband. Unter dem Motto: „Kunst und Technik - eine neue Einheit!" sollten Prototypen für eine serielle Massenproduktion entworfen werden, insbesondere für Gebrauchsgegenstände des täglichen Bedarfs. Das Bauhaus suchte daher den Kontakt zur Industrie. Die Junkers-Werke boten sich an, weil sie ebenfalls Möbel produzierten und Metallhäuser entwickelten.

Eine Gegend des Stils und des Ideenwitzes, wie Dessauer Bauhaus und Junkers-Werke zeigen.
Kerstin Stephan
Megawatt, Juni 1998

Die in Vockerode praktizierten Möglichkeiten moderner Ausstellungsästhetik spielen mit dem maroden Charme der Industrie-Brache: Die Dokumente, Gegenstände und Sach-Zeugnisse aus Jahrhunderten sind in die geöffneten Kraftwerks-Kessel mit ihren rostigen Rohren so integriert, daß sich der Gegensatz zwischen Bestand und Untergang kaum eindrucksvoller zeigen läßt.
Mitteldeutsche Zeitung, 18. Juli 1998

Die Interpretation der Geschichte zeigt vielfach auf Parallelen und Querverweise. Leuna als Ort der Arbeiteraufstände von 1921 und 1953; das Dessauer Bauhaus und die Junkers-Werke.

Günter Kowa

Berliner Zeitung, 21. Juli 1998

Der Rückblick auf die industrielle und künstlerische Revolution, die sich zur Zeit der Weimarer Republik in der anhaltischen Provinz ereignete, eröffnet auch dem Kenner jener Zeit sehenswert neue Facetten. Selbst wer die kultisch verehrten Stahlrohr-Möbel und die schriftgrafisch längst allgemeingültigen Entwürfe zur Genüge kennt, steht staunend vor den Bindegliedern zwischen Bauhaus und Junkers.

Andreas Hillger

Mitteldeutsche Zeitung, 13. August 1998

10/42d

10/26

10/63

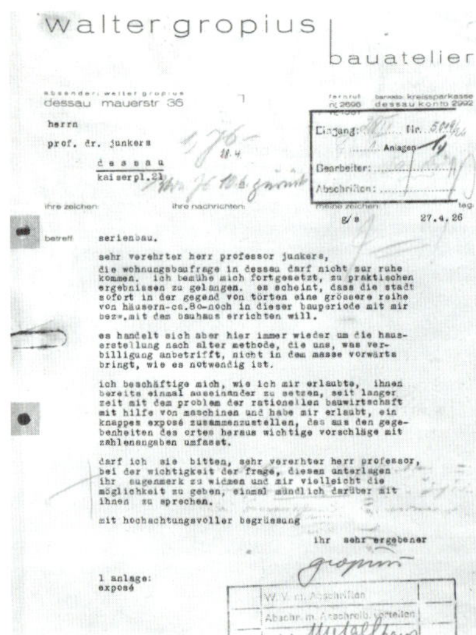

walter gropius | bauatelier

absender: walter gropius
dessau mauerstr 36

fernruf nr 2696 — bankkto: kreissparkasse dessau konto 2992

herrn

prof. dr. junkers

dessau
kaiserpl.21

ihre zeichen: ihre nachrichten: meine zeichen: g/s tag: 27.4.26

betreff serienbau.

sehr verehrter herr professor junkers,

die wohnungsbaufrage in dessau darf nicht zur ruhe kommen. ich bemühe mich fortgesetzt, zu praktischen ergebnissen zu gelangen. es scheint, dass die stadt sofort in der gegend von törten eine grössere reihe von häusern-ca.80-noch in dieser bauperiode mit mir bezw.mit dem bauhaus errichten will.

es handelt sich aber hier immer wieder um die hauserstellung nach alter methode, die uns, was verbilligung anbetrifft, nicht in dem masse vorwärts bringt, wie es notwendig ist.

ich beschäftige mich, wie ich mir erlaubte, ihnen bereits einmal auseinander zu setzen, seit langer zeit mit dem problem der rationellen bauwirtschaft mit hilfe von maschinen und habe mir erlaubt, ein knappes exposé zusammenzustellen, das aus den gegebenheiten des ortes heraus wichtige vorschläge mit zahlenangaben umfasst.

darf ich sie bitten, sehr verehrter herr professor, bei der wichtigkeit der frage, diesen unterlagen ihr augenmerk zu widmen und mir vielleicht die möglichkeit zu geben, einmal mündlich darüber mit ihnen zu sprechen.

mit hochachtungsvoller begrüssung

ihr sehr ergebener

gropius

1 anlage:
exposé

Eingang: ... Nr. ... Anlagen 1
Bearbeiter: ...
Abschriften: ...

W. V. m. Abschriften
Abschr. m. Anschreib. verteilen
d. A. Metallhaus

10/74b

II Arbeit, Rüstung, Massenmord. Nationalsozialismus in der Region Sachsen-Anhalt

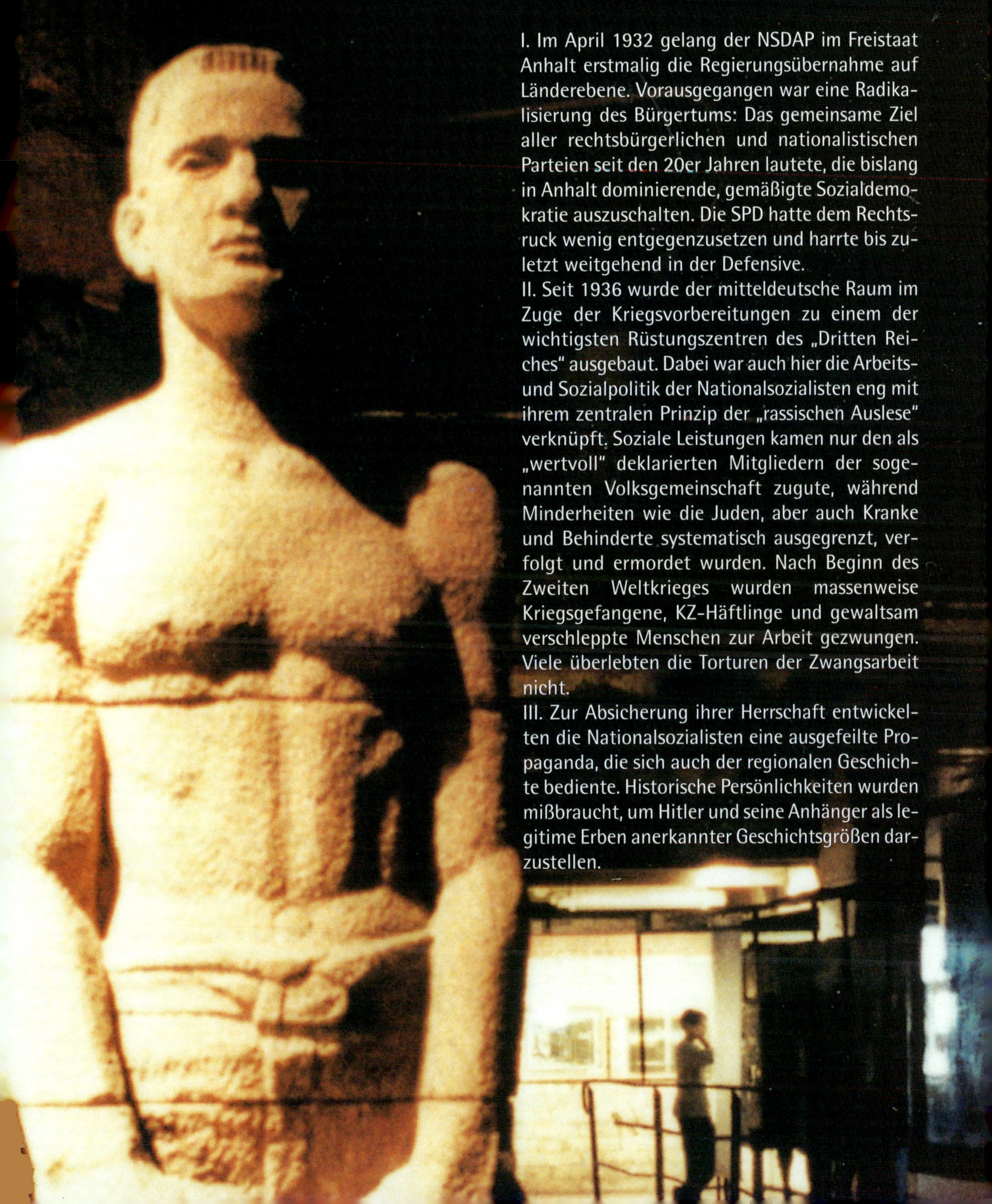

I. Im April 1932 gelang der NSDAP im Freistaat Anhalt erstmalig die Regierungsübernahme auf Länderebene. Vorausgegangen war eine Radikalisierung des Bürgertums: Das gemeinsame Ziel aller rechtsbürgerlichen und nationalistischen Parteien seit den 20er Jahren lautete, die bislang in Anhalt dominierende, gemäßigte Sozialdemokratie auszuschalten. Die SPD hatte dem Rechtsruck wenig entgegenzusetzen und harrte bis zuletzt weitgehend in der Defensive.

II. Seit 1936 wurde der mitteldeutsche Raum im Zuge der Kriegsvorbereitungen zu einem der wichtigsten Rüstungszentren des „Dritten Reiches" ausgebaut. Dabei war auch hier die Arbeits- und Sozialpolitik der Nationalsozialisten eng mit ihrem zentralen Prinzip der „rassischen Auslese" verknüpft. Soziale Leistungen kamen nur den als „wertvoll" deklarierten Mitgliedern der sogenannten Volksgemeinschaft zugute, während Minderheiten wie die Juden, aber auch Kranke und Behinderte systematisch ausgegrenzt, verfolgt und ermordet wurden. Nach Beginn des Zweiten Weltkrieges wurden massenweise Kriegsgefangene, KZ-Häftlinge und gewaltsam verschleppte Menschen zur Arbeit gezwungen. Viele überlebten die Torturen der Zwangsarbeit nicht.

III. Zur Absicherung ihrer Herrschaft entwickelten die Nationalsozialisten eine ausgefeilte Propaganda, die sich auch der regionalen Geschichte bediente. Historische Persönlichkeiten wurden mißbraucht, um Hitler und seine Anhänger als legitime Erben anerkannter Geschichtsgrößen darzustellen.

Dies ist die einzige Kammer, in der der Besucher auf den Boden des Schlundes hinabsteigt, statt ans Licht ins Dunkel. In Sachsen-Anhalt findet die Nazi-Ideologie die Weihe als Rumpelkammer der Geschichte.

Günter Kowa

Berliner Zeitung, 21. Juli 1998

Und der Raum über die NS-Zeit ist zweistöckig – mit einem Abstieg in einen klaustrophobischen Unterraum, in dem ein Sandsteinadler am Boden liegt und düster-dumpfe Bildnisse regionaler Heroen aus der Geschichte von der Wand starren.

Johannes Wendland

Deutsches Allgemeines Sonntagsblatt, 7. August 1998

Das Düstere paßt gewiß im eindrücklichen Farbton an anderer Stelle, zu anderen Epochen: allemal zur sumpfigbraunen, deren Kammer hier fast einer chamber of horrors gleichkommt. Entsetzliche Details aus der mitteldeutschen Provinz des Dritten Reichs...

Jens Schneider

Süddeutsche Zeitung, 20. Juli 1998

So gehört zu den schauerlichsten und doch wohl unumgänglichsten Exponaten eine Zyklon-B-Dose; beigefügt die Fahrgenehmigung nach Dessau „zur Abholung von Material für Sonderbehandlungen", unterschrieben 1942 im Auftrag der SS-Standort-Funkstelle Auschwitz.

Erhard Englisch
Nürnberger Nachrichten, 26. Mai 1998

11/26

Einhundert Kennkarten von Personen, alle im Kreis Köthen geboren, sind in regelmäßige Reihen nebeneinander- und untereinandergesetzt. Die Gesichter auf den Paßbildern blicken grau und verdrossen. Links neben ihnen, über die Angaben von Name, Geburt und Beruf gestempelt, findet sich ein dem hebräischen Alphabet nachempfundener roter Buchstabe, J für Jude. Die Kennkarten hängen in einem einstigen Kraftwerkskessel, dessen Relikte noch vorhanden sind und den Vorgang einer industriellen Verbrennung assoziieren. Die papierene Hinterlassenschaft der hundert anhaltinischen Juden erhält dadurch eine weitere beklemmende Dimension.

Rolf Schneider
Die Welt, 16. Juli 1998

12 „Stürmt die Höhen der Kultur!“ Der Bitterfelder Weg

Nachdem 1956 ein Teil der stalinistischen Verbrechen bekannt geworden war, brach unter parteitreuen Intellektuellen im Ostblock große Unruhe aus. In der DDR antwortete die Parteibürokratie mit Strafaktionen, die von erzwungener „Selbstkritik“ bis zu Schauprozessen reichten. Mit dem „Bitterfelder Weg“ versuchte die Parteiführung, aus der Arbeiterschaft eine neue staatstreue Künstlergeneration zu „entwickeln“, mit der die alten Künstler endgültig an die Wand gespielt werden sollten. Das Unternehmen mißlang. Auch viele der neuen Künstler ließen sich das eigenständige Denken nicht verbieten. Gleichzeitig verschaffte die staatliche Förderung der Kultur vielen Menschen Zugang zur Kunst. Unbeabsichtigt brachte der Bitterfelder Weg dadurch jenes Publikum hervor, das in den siebziger und achtziger Jahren die Wirklichkeit, gespiegelt in der Kunst, zunehmend kritisch betrachtete.

Staunend steht der Besucher vor den Zeugnissen jener Bürokratie, die eine neue Kultur begründen sollte: Da gibt es Aktendeckel zum Vorgang „Literatur A-Z", da finden sich offiziöse Verträge für Patenschaften zwischen Klassen und Kollektiven neben Protokollen der gemeinschaftlich geübten Literaturkritik.

Andreas Hillger

Mitteldeutsche Zeitung, 8. August 1998

Der „Bitterfelder Weg" sollte aus der Arbeiterschaft heraus gar eine staatstreue Kunst hervorbringen: Greif zur Feder, Kumpel. ... Lächerliche Protokolle dokumentieren, wie etwa am Objekt eines um Wahrhaftigkeit bemühten Schriftstellers das Austreiben des eigenständigen Denkens versucht wurde. Tatsächlich gebracht hat es den Sachwaltern des Sozialismus manche gefährlich realitätsnahen Beschreibungen von den kreativeren Künstlern. Zuweilen armselig blaß und niederschmetternd pfiffig wirken die Überbleibsel der in Malgruppen oder Schreibzirkeln entstandenen Laienkultur. Aber das gilt nicht immer, manches beeindruckt, wirkt sehr ernsthaft...

Jens Schneider

Süddeutsche Zeitung , 20. Juli 1998

Sachsen-Anhalt, ein junges Bundesland, widersprüchlich, reich an Kunst und Geschichte, bitterarm an Wirtschaftskraft, geographische Wiege bedeutender europäischer Reformbewegungen, aber auch eine Region, in der Wege voller Irrtümer endeten. Sie werden in Vockerode nicht bemäntelt oder verdrängt.

Erhard Englisch

Nürnberger Nachrichten, 26. Mai 1998

12/9

12/4a

12/40a

13 Grenzverletzungen

Die Geschichte des Umbruchs in der DDR ist noch zu schreiben. Sie wird sich nicht nur auf die Ereignisse 1989/90 beschränken können, sondern sich mit den verschiedenen Vorgeschichten zu beschäftigen haben. Nicht alle endeten mit der Wende; vielerorts in der DDR-Gesellschaft zeigte sich lange vor dem Umbruch, daß es nicht so bleiben konnte, wie es war. Ehe es brodelte, gärte es. Drei Geschichten aus Halle und Wittenberg vermitteln einen Eindruck der Wege in den Herbst 1989.

Konzentration ist das Grundprinzip der Schau, ästhetisch wie inhaltlich.
Winfried Kretschmer
Sächsische Zeitung, 29./30. August 1998

Daß die Bilder auf schmucklosem Hintergrund eher wie eine vorläufige Auswahl wirken, betont den Verzicht der Gestalter auf verbindliche Wahrheiten. Hier ist noch zu sichten, sind noch Entdeckungen zu machen. Auch wenn – oder gerade weil – einige der am Runden Tisch im Dessauer Ratssaal versammelten Redner inzwischen ihr wahres Gesicht gezeigt haben.
Andreas Hillger
Mitteldeutsche Zeitung, 6. August 1998

14 Kraftwerk Vockerode
Anmerkungen zur Bedeutung und Baugeschichte

Das Kraftwerk Vockerode, gelegen inmitten des historischen Dessau-Wörlitzer Gartenreichs, ist ein wichtiges Zeugnis deutscher Elektrizitäts- und Industriegeschichte. Es wurde gegründet, um mit Braunkohle billige Energie in großen Mengen für die mitteldeutsche Großindustrie zu erzeugen. Die sowjetischen Besatzer haben das Kraftwerk nach dem Zweiten Weltkrieg fast vollständig demontiert. Danach wurde es neu aufgebaut und wegen des hohen Bedarfs an Strom auf doppelte Größe erweitert. Später lieferte es Fernwärme nach Dessau sowie für die Gewächshausanlagen in Vockerode, so daß insgesamt mehrere tausend Personen durch das Kraftwerk Beschäftigung fanden. Nach der Wende war sein Betrieb so kostspielig und umweltbelastend, daß es 1994 stillgelegt wurde, ebenso wie zuvor bereits die Gewächshausanlage. Fast alle Beschäftigten verloren nicht nur ihre Arbeit, sondern auch einen wichtigen Bezugspunkt und haben vielfach noch keinen Ersatz gefunden.

Die letzte Station ist dem Kraftwerk gewidmet, das mit seinen leeren Maschinenhallen, seinen toten Steuerungsständen, staubbedeckten Manometern und Anzeigen nie nur Ausstellungsraum, sondern selbst historisches Objekt ist.

Winfried Kretschmer

Rheinischer Merkur, 3. Juli 1998

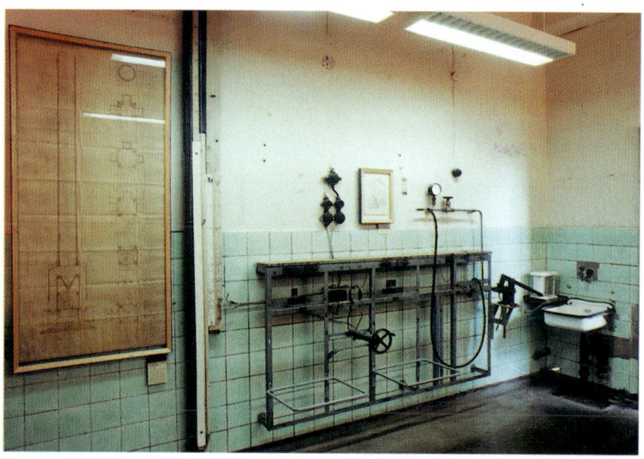

„Mittendrin" ist nicht zuletzt auch eine Referenz an die Menschen, die einst im Kraftwerk, zum Teil über Jahrzehnte, gearbeitet haben.

Kerstin Stephan

Megawatt, Juni 1998

Ein trauriger Rest ist auf dem Boden des seiner Nützlichkeit beraubten Raumes versammelt: Der Schilderwald des Werkes ist entlaubt, die welken Blätter mit ihren Warnungen und Appellen sind hier zu einem Haufen zusammengekehrt worden. Doch die Regeln für das Vorgehen bei einer „Atemspende" gehen ebenso ins Leere wie der Hinweis auf den „Fluchtweg": Der Gigant liegt längst im Koma, aus seiner Agonie gibt es kein Entkommen.

Andreas Hillger

Mitteldeutsche Zeitung, 1. August 1998

14/26d

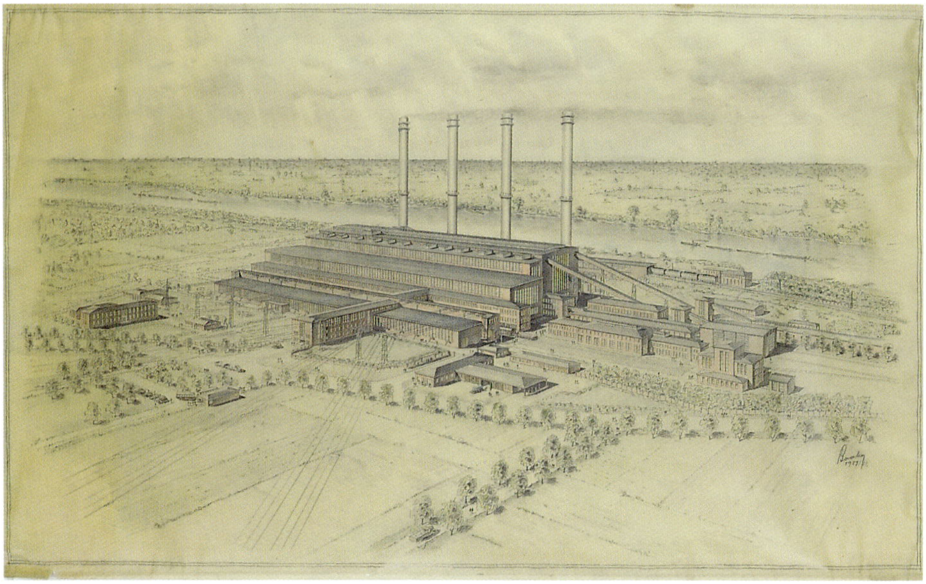

14/1

Das Begleitprogramm

Begegnungs- und Aktionstag zum Thema „Sachsen-Anhalt: Der demokratische Aufbruch im Herbst 1989" mit Friedrich Schorlemmer und Peter Sodann, 12. September 1998

Eröffnungs- und Abschlußkonzerte
in der Maschinenhalle mit dem
Philharmonischen Staatsorchester
Halle unter der Leitung von Heribert Beissel

neues theater, Halle, mit der
„Revue 60"unter der Regie von
Peter Sodann, 19./20. Juni 1998

Kabarett „Die Kiebitzensteiner", Halle,
mit dem Programm „Die Zukunft
haben wir hinter uns",
4./5. September 1998

Konzert von Bettina Wegner in der Maschinenhalle, 29. August 1998

Kommentare der Besucher

„Ich war hier und der Bul auch" : Das Buch der Gäste

Eintragungen im Gästebuch der Vockeroder Ausstellung „mittendrin" machen ein breites Meinungsspektrum deutlich.

Groß und rot mit goldenen Buchstaben liegt das Gästebuch an der Kasse im Kraftwerk Vockerode. Manche Besucher gehen achtlos daran vorbei, einige blättern, und andere wiederum lassen sich von der Leere einer weißen Seite nicht abschrecken: Sie schreiben ihren Kommentar. Es gibt Eintragungen, die ähneln sehr denen in einem Gipfelbuch. In anderen schwingt der hehre Ton des Aufrufs mit.
Diejenigen, die sich in einem Gästebuch äußern, suchen und finden eine Öffentlichkeit. Eine Betrachtung dieser Eintragungen ist auch eine Betrachtung der Betrachter: der Besucher wird zum Exponat. Bei einer ersten Durchsicht lassen sich vier Hauptthemen ausmachen: Den ersten Platz nimmt der Aufruf zur Verlängerung der Ausstellung bis zum Jahr 2000 ein. In der Häufigkeit finden sich dann drei Klagen. Vor allem wird in den Anfangsmonaten beklagt, daß für die Ausstellung zu wenig geworben würde, und daß sie in den Medien kaum Präsenz habe.
Viele Kommentare bedauern sehr, daß man keinen hilfreichen Hinweis zur Kraftwerkstechnik bekommen könne, geschweige denn wenigstens eine Turbine zu Gesicht bekäme. Und schließlich bekunden einige, daß der Weg zur Ausstellung so schlecht zu finden gewesen sei. Doch immer wieder bricht sich die Begeisterung über das Gesehene seine Bahn. „Wohnte ich hier, ich käme jede Woche", schreibt jemand. Ein anderer findet die Ausstellung „Bedrückend beeindruckend". Mit krakeliger Kinderschrift steht geschrieben: „Wir fanden die Bilder an den Wänden sehr schön." Wie unterschiedlich die Besucher den Raum aufnahmen, ist daran zu erkennen, daß einige ohne weiteres ein Museum annahmen, andere gar das „Sakrale" empfanden oder die Schau als theatralisches Ereignis erlebten. Oft wird die technische Kulisse als besonders eindrücklich dargestellt, in der die Spannung zwischen „Technik-Ruine und dem Wohltemperierten Klavier" hautnah zu spüren sei.
Manche Lehrer konnten selbst im Gästebuch das Be-Lehren nicht lassen, während ihre Schüler alberten. Große, ungelenke Zeichnungen der Lokomobile zeugen davon, was Siebenjährige am meisten begeisterte.
Und zwischen den Zeilen tut sich der geheime Wettbewerb des „längsten Aufenthalts" in der Ausstellung auf. Schriftlich dokumentiert sind Aufenthalte von fünf Stunden, einer kommentiert sogar: „6 Stunden in der Ausstellung! Muß man noch mehr dazu sagen ?" Doch den unangefochtenene Rekord hält der Münchener, der es am 15. August auf sieben Stunden und fünfundvierzig Minuten brachte. Rekordverdächtig als euphorischster Eintrag ist: „... der die Idee für die Gesamtkonzeption hatte, sollte das Bundesverdienstkreuz bekommen."

Axel Nixdorf,
Mitteldeutsche Zeitung, 12. September 1998

Wir sind der Auffassung, daß in einer Kraftwerksausstellung auch Turbinen u.a. zu sehen sein müßten. ...Viele artfremde Exponate wirken in dieser Ausstellung befremdend.
M.H., Mai 98

Ich war sehr gespannt. Jetzt bin ich zufrieden. Es hat uns sehr gefallen.
Carlo D.

Wir sind begeistert von dieser Ausstellung! Dank den Machern. Diese Kulisse stellt jedes moderne Museum in den Schatten. Bleiben Sie dran!
I. und W. K. aus Berlin, 7.8.98

Die Auswahl vieler Exponate ist sehr willkürlich und nicht immer sonderlich glücklich. Eine Reihe Informationen sind fehlerhaft. (So fehlen im Themen-Dia über Kirche und Klöster die Erwähnung der zwei Augustinerklöster in Halle: Neuwerk und St. Moritz) Zum Äußeren: Ein Skandal die fehlenden Behindertenparkplätze, der Pförtner verwehrt die Einfahrt in flegelhaften Ton. Auch sonst ist die Ausstellung nicht gerade behindertenfreundlich gestaltet. Die Ausgangsroute ist mangelhaft markiert, das Rauchverbot gilt offenbar nur für die Besucher. Während „Wachmänner" rauchen. Trotzdem gelten für die historischen Teile, daß vieles zu sehen ist, was anderswo nicht zu sehen ist.
Michael H. aus München

Berauscht, beeindruckt - Gerüche, Gefühle, Kälte, Wärme, Geräusche - und die teilweisen „Kesselinhalte", die schockiert haben, Mittelalter, Krieg, DDR - vielleicht etwas zu viel und auch schwierig erzählt auf den Eingangsplakaten zu den Räumen. Aber im Zusammenspiel hatte das Projekt seine ganz eigene, großartige Wirkung.
P.S.: N ´ bißchen zu dunkel war es an einigen Stellen, bes. zum Lesen. Super, nur weiter so!
U.S. aus Bernburg

Zufällig fanden wir den Weg in diese Ausstellung: ein interessantes Überraschungs-Ei mit Hülle und Innenleben.
Familie T. aus Berlin, 31.5.98

Eine eindrückliche Schau - zu schade um Mitte September 98 zu Ende zu gehn!
Carla H.L. aus Rheinfelden (Schweiz)

Eine alte, ehemalige Zschornewitzerin von 72 Jahren ist restlosbegeistert. Bloß nicht dieses ideale Ausstellungsterrain abbauen! Machen Sie ein Preisausschreiben für Erwachsene: Wie ist Kraftwerk Elbe fürderhin zu nutzen? Haben die Herren des Bauhauses da keine Ideen? Schade, daß nicht eine Turbineblieb! Auf der Aussichtsplattform könnten Orts- + Flußhin-weisschilder von Nutzen sein! Die 2 kleinen „Meckereien" sind Randnotizen. Ansonsten: Wohnte ich hier, ich käme jede Woche!
Eva S., Denkmalpflegeverein Harbke e.V., 29.5.98

Was ist mit der „Peripherie" der Welt (vom „Reich der Mitte" gesehen)? wo bleibt dieBeschriftung in English für alle die Erdbewohner, die was anderes als die deutsche Sprachebeherrschen?
Jörg T.-L. aus Leipzig, 31.5.98

Eine hervorragende Ausstellung in einer leider zum Abbruch bestimmten Umgebung!
Nur die Ereignisse zum Jahr 1953 habe ich vergeblich gesucht.
B.W.

Es war uns ein Vergnügen
Fam. P. und Fam. F.

Wir bedanken uns, für diese beeindruckende Ausstellung mit diesem außergewöhnlichen Umfeld. Unserer Gruppe hat es hier großartig gefallen.i.A.
Gisela W., Journalisten-Verband Berlin, 25.6.98

Tun Sie sofort alles, um diese phantastische Ausstellung nicht an mangelnder Werbungsterben zu lassen. Kämpfen Sie für eine Verlängerung bis 2000.
M.B. und Familie aus Dessau, 27.6.98

Eine ganze Menge zum Lernen, auch für mich! Prof. (V.) Th. S., FH Magdeburg Ein ganz großes Lob!! „Mittendrin" ist mittendrin, ist „in"! Leider auch ein Minus für Brillenträger: Oft schlecht ausgeleuchtet und viel zu kleine Beschilderung!
R.H. aus Dessau

Kl. 10a/b war hier. Es hat ihnen gefallen außer die Arbeitsblätter 11.9.98

Leider waren wir nur 7 h hier, die Ausstellung war sehr beeindruckend. Das Kraftwerk selbst ist unbeschreiblich interessant.
Fam. H. aus Coswig und Berlin, 27.6.98

Eine bestechend kluge und sehenswerte Ausstellung! Soweit ich vergleichen kann: Einmalig. Auch der Mut der Macher! Jetzt zu Mängeln: Die Plakatierung im Umland, an Autobahn und Straßen, in Vockerode selbst, macht einen peinlich primitiven Eindruck, sofern man sie überhaupt findet. Leider fehlt die Beschreibung technischer Abläufe im Kraftwerk bzw. des Kraftwerkes - man fragt „sich selbst" was war das oder dies? - umsonst.
Ingolf B. aus Leipzig, 28.6.98

Bitte, dringend - Informationen in ENGLISCH übersetzenlassen! Hoffentlich kriegen Sie Ausländische Besuchern, und Englisch ist von viele Leute verstehen!
P.

Sehr interessant. Der Erlebnisrundgang ist ganz schön gruselig, aber toll gemacht. Echt sehenswert.
T.K. und Michael P. aus Marburg/Hessen, 9.7.98

Eine hochinteressante Ausstellung an einem besonderen Ort mit einem miserablen Marketing. Hier wurde an der falschen Stelle gespart und so wissen kaum Leute von dieser sehenswerten Verbindung von historischer Ausstellung und Industriedenkmal. Klotzen und nicht kleckern! Eine Broschüre über den Ausstellungsort wäre wünschenswert.
J.W. aus Berlin

Wir kommen nächstes Jahr wieder (unbedingt wiederholen)! Mit Gästen aus GUS, USA, England und Italien!!!
Felix und Rudolf F. aus Halle/Bochum

Eine hervorragende Ausstellung, ein Muss für jeden Bundesbürger! Unbedingt verlängern!!!
M.S. aus Ahrensburg, 19.7.98

Fabuleux, domage qu'il n'y ait pas par moment de bruit de l'epoque.
D.V. aus Frankreich, 24.7.98

FANTASTISCH!
B.R. aus Paris

Es war ein einzigmaliges Erlebnis.
H.W.

*Dieses alles muß erhalten bleiben *... auch die Toiletten (zur Erinnerung) - * mindestens bis zur Expo 2000 !!!*
J.W. aus Hamburg, 19.7.98

Schade, sehr schade, daß man dieses Kraftwerk nicht „erleben" durfte, als es selbst noch „lebte" - nun liegt hier ein gewaltiger, zu Tode gebrachter Riese - und selbst im Tod bewahrt er das, was ihn einst sehr nützlich sein ließ. Er verlieh Brot und Arbeit -. Die Ausstellung in ihm verweist auf Vergangenheit; die Zukunft? Sie ist offen. Zu bemängeln ist: die Beschilderung der Exponate! WER, bitteschön, soll sich an die Erde legen oder aber mit Treppenleiter erscheinen? Es ist SO viel Platz! (Welcher „Experte" war da am Werk?!) Danke, daß wir all das betrachten und uns Gedanken machen durften!

Edith K. und Ehemann aus Halle/S., 28.7.98

Das eigentlich interessante ist nicht das Kraftwerk, sondern die Ausstellungen in den Heizkesseln. Wir kamen mit anderen Vorstellungen hierher! Papa
Eine gelungene Ausstellung! Mama

A.E., 30.8.98

Wir sind sehr stark beeindruckt von der Fülle der Ausstellung u. der Kostbarkeit der Exponate u. bewundern die Konzeption dieser enormen Ausstellung! Das sollten viele interessierte Menschen erleben.- Ermüdet sind wir von der Fülle natürlich auch, aber froh, daß wir alles sehen u. erleben konnten.

Familie Z. aus Lutherstadt Wittenberg, 29.7.98

Im Wechsel zwischen Schwindel (Schräge + Dach) und beeindruckender intimer Atmosphäre „in den Kesseln" waren wir drei Stunden unter Spannung undäußerst fasziniert! Wundervoll!

Alexa und Wolfgang B. aus Steuden, ehemals Berlin und München, 6.8.98

Bei „Unruhen" in Sachsen-Anhalt 1921-1953 kommt 1953 viel zu kurz. Trotzdem ein herzliches Dankeschön

Annerose H. aus Halle

Heute haben wir an einer „Technischen Führung" teilgenommen. Wir möchten uns recht herzlich bei Herrn Bebber für seine sehr gute fachliche Führung bedanken. Auch die Ausstellung hat uns sehr gut gefallen.

Rudolf S., Jürgen H. aus Dessau, 8.8.98

Ich finde es eine wunderbare Idee, ein solches Industriedenkmal zu erhalten und für die Öffentlichkeit zugänglich zumachen. Für die Zukunft würde ich ein Fortbestehen wünschen evtl. mit variablem künstlerischem Rahmen. Vielen Dank dem Aufsichtspersonal für bereitwillige Auskünfte.

I.S., 11.8.98

Eine enorm interessante Ausstellung in einem gewagten Ambiente. Spannend und innovativ. Die Präsentation ist leider nicht immer gelungen, besonders die Lesbarkeit der Objektbeschreibungen läßt bisweilen zu wünschen übrig. Auch die Werbung hätte intensiver sein dürfen - aus Tübingen in Baden-Württemberg kommend habe ich leider erst in Wörlitz per Plakat von der Ausstellung erfahren. Um grundlegende Kenntnisse von der Mitte Deutschlands bereichert verlasse ich nun dieses Kraftwerk.

Elisabeth O., 11.8.98

Einfach coole Ausstellung!

Angela

Klappe die 2. „Wehe das wird abgerissen!"

R. und K., 15.8.98

Soll man dafür dankbar sein, daß jetzt eine Ausstellung dort ist, wo früher viele Menschen ihren Lebensunterhalt

verdienten. Dann verstehe ich nicht, wie man urteilt über das was war, wo jetzt die meisten Arbeitslosen mit dieser „Demokratie" leben müssen. Ich wünsche allen, daß sie mit offenen Augen und Ohren durch diese Ausstellung und vor allem die heutige Zeit gehen.
Janine K. und Familie, August 98

Für die freundliche Unterstützung der Exkursionsgestaltung möchte sich die Sek - Schule „Völkerfreundschaft" aus Köthen recht herzlich bedanken.

Phantastisch präsentiert, informiert diese Ausstellung jedermann umfassend. Beeindruckend die Kulisse.
Sehr schlecht ein Cafe, das 19.00 Uhr kein Cafe mehr ist so etwas gehört hier nicht her. P.S. Nettes Personal
Ingo G.

Bitte unbedingt erhalten!!! Für mich ist es eines der größten „Museums", was als Begegnungsstätte, als techn. Denkmal der Nachwelt Geschichte erzählt.
U.R.

Die Führung durch Herrn Bepper war sehr informativ + sollte öfter stattfinden. Unbedingt aber sollte noch mehr überregional geworben werden für „Mittendrin"! Ich komme „zufällig" aus Hamburg vorbei - dort weiß man nichts davon! Gratulation, wie gelungen Ihr Projekt ist. - Die Spannung zwischen „Ruine" und dem Wohltemperierten Klavier usw. - der, der die Idee für die Gesamt-Konzeption hatte, sollte das Bundesverdienstkreuz bekommen.
Hans L. aus Hamburg, 22.8.98

Wir waren dreimal hier. Leider hat die technische Führung zu lange gedauert. Aber sonst war es ein Erlebnis.
M. aus Weißenfels

Einfach phantastisch - die Verbindung zwischen Dokumentation und Industriegigant! Die Fahrt von Bielefeld hat sich dreifach gelohnt.
Ingrid S., 26.8.98

Eine tolle Ausstellung mit viel Perspektiven für dieses Land! Zukunft kommt von Herkunft!
Fam. M. aus Salzburg (Österreich), 27.8.98

Wir haben uns über die sehr anregende und informative Ausstellung gefreut. Das ist Geschichte hautnah! Möge uns die Ausstellung doch länger als geplant erhalten bleiben!
Dr. Eberhard und Gudrun D. aus Halle/Saale, 28.8.98

Die Ausstellung ist sehr interessant und umfangreich. Leider kam der Bereich zur Wende ein wenig zu kurz.
K.K.

Gute 5 Stunden!

Leider verdirbt die Unfreundlichkeit des Wachpersonals die Ausstellung.
Kerstin M.

Wir waren sehr angenehm überrascht, und können nur sagen: Ganz großes Lob!
Ingolf und Astrid aus der Region

Die Ausstellung ist thematisch gut ausgewählt. Der Ausstellungsort fasziniert - kein Wunder in dem technischen Wunderwerk, wenn auch im Abriß! Als Ausstellungsstücke sind sprechende Dinge zusammengebracht. Aber: Daß immer noch Ausstellungsmacher solche miserablen Objektbeschriftungen verbrechen und die Besucher zu stundenlangen gymnastischen Übungen zwingen, ohne daß man selbst dann noch alles richtig

lesen kann, ist mir unbegreiflich,... Hundert Publikationen der Museumsdidaktik sind wohl vergeblich auf den Markt gebracht! Ein Skandal - um so mehr schade bei einer sachlich so guten Ausstellung!
Prof. Helmut L., Ruhr-Universität Bochum, 31.8.98

FANTASTISCH
WILDI, 1.9.98

Eine sehr interessante Ausstellung, habe leider erst zu spät davon erfahren. Katalog ist sehr informativ. Das Kraftwerk Vockerode sollte als Industriedenkmal unbedingt erhalten bleiben! (siehe Ruhrgebiet - Industriepark) Schade, daß die „Demontage" nicht aufgehalten wurde, dann wäre es noch anschaulicher gewesen.
Trotzdem, Bravo
Wilfried H., 11.9.98

Thank you very much - the Displays are interesting and very helpful - I have a greater understanding of the history of this area.
Monika E. aus Melbourne (Australien)

Die Ausstellung gefällt mir schon - wenn nur die Texte nicht so gräßlich wären ...
Annett P.

Ich möchte mich bedanken für die tollen Exponate, die Sie in mühevoller Kleinarbeit zusammengetragen haben. Ich fand diese Ausstellung total super und ich habe viel über mein „Heimatland", vor allem Neues erfahren! Danke und macht weiter so!
H. aus Dessau, 13.9.98

Die Ausstellung hat uns sehr beeindruckt. Vielen Dank für die gelungene Darstellung der heimatlichen Geschichte und der Besichtigung des Kraftwerks.
30.8.98

- Warum Parkdrängelei draußen bei solchen Flächen?
- Warum nur 2 (zwei) Führungen bei solchem Andrang?
- Wen stört eine Handtasche? Müssen solche Verärgerungen eine gute Sache verwässern?
W.B. aus Wittenberg

Der Weg von Hamburg nach Vockerode hat sich gelohnt! Eine tolle Ausstellung an einem atemberaubenden Ort.
Heiderose und Klaus H., 6.9.98

Gute, interessante Ausstellung allerdings am falschen Ort, lange Wege, mangelhafte Beleuchtung, daher gehen manche Informationen unter, den Teil Faschismus u. DDR hätte ich mir etwas ausführlicher gewünscht.
U.T. aus Dessau

Sehr interessante Ausstellung, aber sie leidet z.T. erheblich unter der schlechten Beleuchtung! Daß darüberhinaus am 1.9.98 das Thema 10 gleich für mehrere Stunden gesperrt ist, kann man nicht akzeptieren. Hier wäre sicher auch eine andere Lösung denkbar gewesen.
D.B. aus Dessau, 1.9.98

Eine sehr anregende Ausstellung besonders auch durch die interessante „Licht"-Gestaltung. - Allerdings habe ich nach vier Stunden sehr müde Augen durch zu kleine Schrift u. schummeriges Licht). Aber trotzdem ein dickes Lob an alle die diese Ausstellung auf die Beine gestellt und mitgetragen haben. Und ein großes Dankeschön an das freundliche Personal!
S.D., 10.9.98

Eine herrliche, interessante und für uns Anhaltiner wichtige Schau. Aber die Anbringung d. Beschriftung ist sehr unvorteilhaft. Die Mehrzahl d. Besucher sind eben mal nicht Zwerge bzw. Riesen.
Richard K.

Eine der wenigen sehr wichtigen Ausstellungen, nicht nur für Sachsen-Anhalt, nicht nur für den Osten. Die Ideen von Wörlitz sind zweihundert Jahre später hier wiederzufinden.
Daniela D. aus Wartha, 24.8.98

Eine der ältesten deutschen Kulturlandschaften

Eckhard Fuhr schreibt in seinem Leitartikel „Ein Trümmerfeld" (F. A. Z. vom 28. April): „Sachsen-Anhalt ist ein Land von geringer wirtschaftlicher und kultureller Substanz und schwach ausgeprägter Identität." Zweifellos trifft seine Aussage für die Wirtschaft des Landes zu. Zu Kultur und Identität lassen Sie mich in Erinnerung rufen: Sachsen-Anhalt ist in der Tat ein Land, das ähnlich wie etwa Nordrhein-Westfalen und Rheinland-Pfalz seine staatliche Existenz nicht einer aus alter Zeit gewachsenen Einheit von Staatsvolk und Territorium verdankt, sondern einer administrativen Entscheidung, erst der Preußen, dann der Russen.
Das ändert aber nichts daran, daß es sich um eine unserer ältesten deutschen Kulturlandschaften handelt. Hier haben die salischen Kaiser Handel, Bergbau und Künste zu hoher Blüte geführt, von hier ging eine ganz Mittel- und Osteuropa prägende Rechtsentwicklung aus (Sachsenspiegel, Magdeburger Stadtrecht), hier wirkten Luther, die Familie Bach, die Familie Cranach, August Hermann Francke, um nur wenige zu nennen. Die Leopoldina ist als naturwissenschaftliche Akademie bis heute hoch angesehen und weltberühmt. Die Lebendigkeit der Kultur hat sich auch sonst bis in die Gegenwart erhalten. Die Franckeschen Stiftungen in Halle zum Beispiel sind auch zur Zeit von einer so großen geistigen Strahlkraft, daß es sich der hochrenommierte Bibliotheksfachmann und Literaturwissenschaftler Professor Paul Raabe nach der Wende zur Aufgabe machte, ihren Wiederaufbau zu leiten. Von der Romantik bis zum Bauhaus haben alle Epochen der Baukunst Herausragendes hinterlassen. Trotz Kriegszerstörungen und jahrzehntelanger Vernachlässigung gibt eine Reise durch das Land und der Besuch von Städten wie Naumburg, Halle, Wittenberg, Quedlinburg, Halberstadt, Magdeburg und Tangermünde einen unübertrefflichen und unersetzbaren Begriff von den Ursprüngen deutscher politischer und kultureller Identität. Das SED-Regime hatte wirtschaftlich und menschlich schwerwiegende Folgen, die die Entwicklung des Landes noch lange Zeit belasten werden. Um so wichtiger ist es, uns der besonders reichen kulturellen Substanz gerade auch von Sachsen-Anhalt bewußt zu bleiben und sie in Ost und West als einen uns vereinigenden Schatz zu pflegen.

Richard von Weizsäcker
Frankfurter Allgemeine Zeitung, 12. Mai 1998*

* Der Leserbrief des Altbundespräsidenten Richard von Weizsäcker zur Geschichte Sachsen-Anhalts erschien unmittelbar vor der Ausstellungseröffnung. Dieser Text eröffnet die Pressedokumentation, weil Berichte und Kommentare zur Ausstellung wiederholt auf ihn Bezug nahmen.

„Mittendrin": Neue Ausstellung über Sachsen-Anhalt
Ein Land sucht seine Seele

Zwischen stolzer Vergangenheit und einer grauen Gegenwart

Vockerode - Träge zieht die Elbe an grünen Uferwiesen vorüber. An der Autobahnbrücke wird noch gebaut. Nächste Ausfahrt Vockerode. Wenn man auf der A 9 von Norden kommt, sind im Sandstein des Brückenturmes noch die Spuren der Verankerung erkennbar. Hier hingen die Neonröhren, die DDR-Stolz weit ins Land hinein verkündeten: „Plaste und Elaste aus Schkopau" vom VEB Chemische Werke Buna. Ein Transit-Wegzeichen der deutsch-deutschen Vergangenheit. Längst abmontiert. Aber nicht verschwunden.
Derlei DDR-Reliquien schmücken heute die Museen oder werden noch in ihren Kellern verborgen. Man möchte, bitteschön, keine Nostalgie. Auch „Plaste und Elaste aus Schkopau" teilen dieses Schicksal. Zur Zeit freilich wieder ergötzen. Drüben in Vockerode. Dort, wo der Kraftwerksgigant mit seinen vier 140 Meter hoch aufragenden Schloten den Blick fesselt. Höllisch war der Lärm in der 300 Meter langen Maschinenhalle. Tausende fanden hier Arbeit. Seit vier Jahren rauchen die Schornsteine nicht mehr. Wie ein schlafender Dinosaurier streckt sich die monumentale Industrieruine am Elbufer aus, still wie das 2000-Seelen-Dorf Vockerode zu ihren Füßen.
„Plaste und Elaste aus Schkopau" - ein Symbol der Vergänglichkeit wie der Ort, an dem das Transparent nun zwischen Kohleförderbändern, Speichern, Feuerungsanlagen und Dampfkesseln baumelt. Vom Dach des Kraftwerks überblickt der Besucher das berühmte Wörlitzer Gartenreich, entdeckt in der Ferne die Türme der Bauhaus-Stadt Dessau und der Luther-Stadt Wittenberg. Vockerode, „mittendrin" wie das Bundesland Sachsen-Anhalt, das im Kraftwerk eine Ausstellung unter diesem Namen eingerichtet hat. „Mittendrin" - ein tausendjähriges Land im Zentrum deutschen und europäischen Werdens.

Wie ein Mikrokosmos
Das eindrucksvolle Industriegebäude zurückerobern möchten die Veranstalter mit ihrem Projekt, aber auch, wie Gerhard Seltmann (Geschäftsführer der Expo 2000 Sachsen-Anhalt) sagt, eine Region beleuchten, die wie ein „Mikrokosmos europäischer Geschichte" wirkt. Sachsen-Anhalt, ein junges Bundesland, widersprüchlich, reich an Kunst und Geschichte, bitterarm an Wirtschaftskraft, geographische Wiege bedeutender europäischer Reformbewegungen, aber auch eine Region, in der Wege voller Irrtümer endeten. Sie werden in Vockerode nicht bemäntelt oder verdrängt. So gehört zu den schauerlichsten und doch wohl unumgänglichen Exponaten eine Zyklon-B-Dose; beigefügt die Fahrgenehmigung „nach Dessau zur Abholung von Material für Sonderbehandlung", unterschrieben 1942 im Auftrag der SS-Standort-Funkstelle Auschwitz.

Mutige Erinnerung
„Es hier (im Kraftwerk Vockerode) zu machen, war gewiß mutig", finden die Väter der Ausstellung. „Und zu glauben, es geht, war noch viel mutiger." Am mutigsten war es gewiß, den Sachsen-Anhaltinern, die in diesem Doppelnamen-Bundesland an Elbe und Saale auch Identitätsprobleme erkennen lassen, die Zeugnisse des Entsetzlichen nicht zu ersparen, wo Erinnerung an die großen Landeskinder von Luther und Melanchton bis zu Bismarck, Turnvater Jahn und Martin Gropius so stolz machen kann. Unkonventionell wie der Ort, an dem diese kulturhistorische Messe zelebriert wird, sind manche ihrer Zutaten. 1983 schmie-

dete Stefan Nau während des Kirchentages in Wittenberg ein Schwert um. Das Oppositionssymbol „Schwerter zu Pflugscharen" war geboren. Das Schwert gibt es noch. Auch ein Trikot des DDR-Fußballers Sparwasser und ein Fahrrad des Radweltmeisters Täve Schur, der im Herbst für die PDS in den Bundestag einziehen möchte. Aus Berlin kam als Leihgabe das „Naßpräparat einer Zuckerrübe mit Blattwerk", datiert auf „Anfang des Jahrhunderts". Aus den Junkers Flugzeugwerken Dessau stammt die Tragfläche einer Ju 52, Baujahr 1937, die im Kriegswinter 1940 wegen Spritmangels auf dem Eis eines norwegischen Sees notlanden mußte. Im Frühjahr versank die Transportmaschine. Erst 1986 wurde sie geborgen.
Sachsen-Anhalt, „mittendrin" in Europa, will die Expo 2000 nutzen, um auf sich aufmerksam zu machen, als Korrespondenzregion, die Weltgäste ins Land locken kann - nach Vockerode oder nach Oranienbaum, die kleine barocke Residenz ganz in der Nähe, der die Niederlande für eine Million Gulden einen prächtigen neuen Delphinbrunnen gestiftet hat. 1659 begann mit einer Hochzeit die Verbindung des heutigen niederländischen Königshauses mit dem Ort nahe Dessau. Von den Schloten der Kraftwerksanlage in Vockerode über Oranienbaum reicht der geschichtliche Lehrpfad 1998 bis nach Golpa-Nord, dem stillgelegten Braunkohle-Tagebau bei Vockerode.
Ferropolis - die Stadt aus Eisen, erklärt ein Ortsschild am Rand der Grube, die sich wie eine Mondlandschaft ausbreitet, mahnendes Zeugnis der landschaftszerstörerischen Naturausbeutung durch den Menschen. Aufgebaut mit den Tagebaugroßgeräten, die hier zu einem imposanten Ensemble aus urzeitlich anmutendem Industrieschrott aufgefahren sind. Zwischen den Kolossen und hoch über der bald gefluteten Grube will Gerhard Seltmann ein Forum für internationale Kulturveranstaltungen schaffen, das 10 000 Menschen aufnimmt.
Visionen aus Sachsen-Anhalt für die Expo. Zu den Visionären zählen die Kinder der Martin-Luther-Schule in Wittenberg. Sie wünschten sich etwas ganz anderes als den langweiligen Plattenbau, in dem sie bisher Mathe und Englisch büffeln mußten. Bunt malten sie ihre Umgebung, mit viel Grün. Und sie schrieben an Friedensreich Hundertwasser in Wien. Der lieferte das Modell, ohne Honorar. So bekommt Hannover die Expo 2000 und Wittenberg seine Hundertwasser-Schule.

Viele Berühmtheiten

Halle und Magdeburg. Wittenberg und Stendal in der Altmark, Wernigerode am Harz, Bitterfeld und Wolfen, Dessau und Zerbst. Sachsen-Anhalt, ein Kunstgebilde mit vielen historischen Wurzeln, landschaftlich so verschiedenartig wie seine Wirtschaftsstruktur. Regierungschef Reinhard Höppner sucht nach dem Verbindenden und findet es in den Figuren der Geschichte. Kein anderes Bundesland hat mehr Berühmtheiten hervorgebracht als die Region „mittendrin". Zu ihnen gehören auch Katharina die Große und Georg Friedrich Händel. Die Schöpfer der Expo-Beiträge machen es bewußt: Wir sind wer, lautet ihre Botschaft.

Erhard Englisch
Nürnberger Nachrichten, 26. Mai 1998

Heizer Hülsmann will nicht von Bord gehen

Carmen Hülsmann führt durch die Sachsen-Anhalt-Ausstellung im ehemaligen Kraftwerk Vockerode. Das Projekt der Expo 2000 ist ein Zukunfts-Versuch, das Kraftwerk war Heizer Hülsmanns Leben

Wäre es ein Schiff, dann ein Ozeandampfer. Mit riesigen Schloten und Tausenden von Menschen an Bord. Ganz oben, wo der Wind pfeift, müßte der Kapitän stehen. Doch der ist längst von Bord gegangen. Jetzt hat Carmen Hülsmann hier das Sagen, besser gesagt: das Schreien. Auf dem zugigen Dach des Kraftwerks Vockerode versteht man sein eigenes Wort kaum. „Da drüben will ich hin", ruft die Vorarbeiterin und zeigt auf die Silhouette von Dessau, „aber bei den Stadtwerken brauchen sie keinen." Sie dreht sich weg, zu den Baumgruppen im Wörlitzer Gartenreich. „Die da hinten", weiß sie, „wollen unser Werk abreißen." Dann schaut sie nach oben, zu den vier Schloten, und riskiert ein ironischen Blinzeln: „Wenn die fallen", meint sie, „ist das eben das Symbol für unseren Untergang."

Wäre das Braunkohlekraftwerk Vockerode ein Schiff, dann ein gestrandetes. 1994 haben sich hier die letzten Schlote ausgehustet. Der 12-Turbinen-Riese an der Elbe, einst stolzer Energiespender der DDR, wurde Ende 1994 vom Stromkonzern VEAG abgeschaltet. Höchste Zeit, fanden die Umweltschützer. Eine Katastrophe, meinten die Anwohner. 1.500 Menschen befeuerten den gigantischen Ofen am Ende der Vockeroder Dorfstraße. Seit es keine schweflige Asche mehr auf die geduckten Backsteinhäuser regnet, liegt der Weiler im Nachwende-Koma. Dabei gibt es hier echte Schätze zu entdecken.

„Mittendrin. Sachsen-Anhalt in der Geschichte", heißt die Ausstellung, die seit Mai bis Mitte September in Vockerode läuft – mittendrin in den Eingeweiden des stillgelegten Kraftwerks – und ganz am Anfang der Expo 2000. Sachsen-Anhalt ist Korrespondenzregion der Hannoveraner Zukunftsmesse und präsentiert, was ein Jahrhundert unerbittlicher Industrialisierung zurückgelassen hat. Die Chemieruinen von Bitterfeld und die Plattenbauten von Wolfen werden kunstvoll veredelt, eine Kranstadt und ein Biosphärenreservat entstehen: Zwei Dutzend Projekte sollen dem runtergerockten Landstrich neue Impulse geben.

„Vielleicht kommt ja mal einer vorbei, der eine gute Idee hat", faßt Carmen Hülsmann die Pläne zusammen. Die Vockeroder Vorarbeiterin, die seit Monaten ihren früheren Arbeitsplatz zu einem Museum umbaut, mag keine großen Worte. Dabei kann die resolute Dame Geschichten erzählen, die die historische Nabelschau erst zu dem machen, was sie sein sollte: ein Fenster in die Zukunft für alle, die hier schon vor der Wende gelebt haben. „Unsere Werkhallen waren für die Leute das Allerheiligste, wer hier nicht gearbeitet hat, durfte sie nicht von innen sehen", weiß die gelernte Mechanikerin, die vor 25 Jahren im Kraftwerk „Elbe" anfing. „Heizer" nennt Carmen Hülsmann sich, das Wort „Heizerin" würde ihr nie über die Lippen kommen.

So wenig wie den übrigen Arbeiterinnen, die in Vockerode Knochenarbeit verrichteten. „Unser Frauenanteil war sehr hoch, so was wollte doch kein Mann machen", sagt Frau Hülsmann und stiefelt eine steile Treppe hinauf. Walzenbrecher und Kohlenmühlen und furchteinflößende Trichter sieht man rund um die monumentale Turbinenhalle. NS-Architekten haben hier ihre Handschrift hinterlassen, das Werk wurde 1937 als Rüstungsbetrieb gebaut. 1946 demontierte die Rote Armee den Koloß, zu DDR-Zeiten rekonstruierte man ihn doppelt so groß. Wer sich vorstellen möchte, „wie das hier laut war und gepfiffen hat", sollte Heizer Hülsmann fragen. Anfangs sei es ihr „schon unheimlich gewesen".

Kein Wunder eigentlich. Wie ein schwarzer Schlund verschluckt das Kesselhaus seine Besucher, zwischen verkrusteten Leitungen und schweren Meßuhren reißen zwölf Kessel ihre gasartigen Mäuler auf. Wer sich reintraut in die Hölle, auf deren Grund bei 1.100 Grad Kohle verglüht wurde, findet jetzt Perlen und Juwelen.

In Vitrinen liegen kunstvoll verzierte Kruzifixe, daneben die handschriftliche Urkunde, mit der Kaiser Otto I. 968 das Erzbistum Magdeburg gründete. In zwölf Abschnitten, untergebracht in den zwölf Kesseln, präsentiert Sachsen-Anhalt sich als Grenzregion zwischen Ost und West, zwischen Mission und Reformation, aber auch als Land von Rüben, Rüstung und Realsozialismus. Kuriositäten gibt es zu entdecken, etwa das Damenklo vom Bauhaus Dessau oder „vier Glasscherben aus dem Prämostratenserkloster Jerichow".

Diese Vitrinen voller Kostbarkeiten hat man in eine Welt verpflanzt, in der für Schöngeisterei nie Raum war. „Ich dachte, das klappt nie", erzählt Frau Hülsmann, als man ihren Kesseln Gitterböden einzog. Zusammen mit „den Jungs", fünf Ex-Kraftwerkern, hat sie Schutt geschippt und Vitrinen für 1.500 Exponate gebaut. Doch, stolz ist sie schon. Aber wenn sie in die Kessel schaut, sieht sie hinter dem Geglitzer noch immer, was sie früher sah: die Menschen, die hier Schlacke von den Wänden kratzen mußten.

Oder durften? Je länger die Wende zurückliegt, desto gnädiger wird Frau Hülsmanns Blick. „Früher flog weniger Dreck auf meinem Küchentisch als heute von der Autobahn", sagt sie etwa zum Thema Umweltverschmutzung. Dabei war das Kraftwerk „Elbe" mit seinen 120 Tonnen Flugasche pro Tag und Schwefeldioxid-Emission jenseits aller Grenzwerte eine der übelsten Dreckschleudern der DDR. „Ist es denn wirklich notwendig, daß derartige Mengen schädlicher Stoffe abgelassen werden", beschwerte sich ein Nachbar aus Leuna schon 1978 bei Walter Ulbricht und legte seiner Eingabe verätzte Pappelblätter der Region bei.

Daß man dem Qualm nicht beikam, lag unter anderem an der miserablen Braunkohle. Das Zeug war extrem wasserhaltig und verkochte in den altersschwachen Maschinen zu „Schlackebrücken", die gesprengt werden mußten – mit der Brechstange in der Hand. „Die sind alle nicht mehr gesund geworden", erinnert sich Carmen Hülsmann und zeigt zwischen Lutherbildern und Seidenstühlen in die Tiefe. Regelmäßig kletterten früher Aufräumungstrupps in den abgeschalteten Kessel. „Das war eine Arbeit für einen, der Vater und Mutter erschlagen hat", sagt die Vorarbeiterin, die nie vergessen wird, wie man zwei Söhne einer Vockeroder Familie hinunterschickte. Als jemand versehentlich die Maschinen anwarf, konnte ein Bruder sich noch retten. „Aber der Kleene von Richters", erzählt sie, „ist in der Flugasche verbrannt. Das war fürchterlich."

Schwere Unfälle waren in Vockerode die Ausnahme, kleine Mißgeschicke dagegen an der Tagesordnung. So fiel im Werk die Wasserkühlung aus, wenn die Nachbarn ihre Gärten sprengten. Da waren die Karpfen, die man im warmen Abwasser hinterm Werk züchtete und die „wie wild wuchsen, bis sie keiner mehr essen wollte". Nicht zu vergessen die Ölhavarien, bei denen „dieser ganze klebrige Kleister übergelaufen ist, und wir mußten alles wegschaufeln". Schlimme Arbeit sei das gewesen, aber manchmal, sagt Carmen Hülsmann, „haben wir ewig darüber gelacht".

Kann man so eine elende Plackerei mögen? Kann man einem Job nachtrauern, der oft nur öde Routine war? Man kann. Heizer

Hülsmann blüht zwischen den Hebeln der Leitstelle richtig auf. Das „Herz der Anlage" nennt sie den Glaskasten, von dem aus sie „drei Kessel gefahren" hat. Eine echte Auszeichnung übrigens, sie habe sich „hochgekämpft", erzählt die Tochter einer Landwirtin und eines Elektrikers. Sie selbst hat eine zwölfjahrige Tochter, Stefanie, die sie allein großzog, ohne sich dafür je aus dem Werk zurückzuziehen. Offenbar können auch Aggregate so etwas wie eigene Babys sein.

„Jeder Kessel hat seine eigene Note, der eine ist robuster und der andere empfindlicher", erklärt sie einem Ehepaar aus Thüringen, das etwas ratlos durch die Ausstellung irrt. Daß nirgends erklärt wird, wie das Kraftwerk arbeitete, bedauern viele Besucher. Sämtliche Turbinen der großen Halle sind in der Schrottmühle gelandet, von der früheren Belegschaft finden sich nur wenige Fotos. In all der katalogisierten Geschichte, zwischen 1.500 originell drapierten Kostbarkeiten, sind die Menschen verschüttgegangen. Haben die Wessis von der Expo die Ossis „mittendrin" vergessen? „Da ist ein gewisses Defizit geblieben", räumt Ausstellungskoordinatorin Ursula Breymayer ein. „Für die Leute aus der Region ist das Kraftwerk die eigentliche Sensation, das haben wir nicht rechtzeitig erkannt", gibt auch Expo-Sprecherin Andrea Seibel zu. Sie ärgert sich über die mageren Besucherzahlen, die die Schau tatsächlich nicht verdient hat.

„Viele Leute sind so verbiestert, die gucken sich das gar nicht an", hat indes Carmen Hülsmann von Nachbarn erfahren. Bei aller Sentimentalität, das ist ihr zuviel. „Man kann sich nicht so hängenlassen", schimpft sie und stapft am Ende der Tour den „Weg der Kohle" hinauf. Entlang der alten Förderbänder kommen Besucher bis aufs Dach des Kraftwerks – und begreifen schlagartig, worum es in Vockerode heute geht. Wäre es ein Schiff, dann ein gestrandetes, das alte Kraftwerk liegt mitten in den Dessauer Elbauen und hart vor den Toren des Wörlitzer Gartenreiches. Die Parkanlage aus dem 18. Jahrhundert wird derzeit vorsichtig restauriert. Wenig begeistert sind die Landschaftsschützer da vom Erhalt eines maroden Industriedenkmals, vom neuen Spannbetonwerk in Vockerode und dem Gewerbezentrum, das der Bürgermeister ansiedeln will. „Wir wollen das Rad der Geschichte nicht zurückdrehen. Aber man kann nicht alles nur unter dem Aspekt der Arbeitsplätze sehen", sagt Thomas Weiß, Leiter der Kulturstiftung Dessau-Wörlitz. Ihn würde es „schon freuen, wenn die Schornsteine fallen".

Carmen Hülsmann will das nicht gehört haben. Was wäre Vockerode ohne Schlote, was ihr Leben ohne Werk? „Ziemlich komisch" fand sie es anfangs, ihren Arbeitsplatz zum Museum zu machen. Noch komischer wird es, alles wieder abzuräumen. Ende Dezember läuft ihr Expo-Vertrag aus, was kommt, ist ungewiß – auch für Vockerode. Das Dessauer Bauhaus steuert einen Kompromiß zwischen Mensch und Natur an, „industrielles Gartenreich" nennt sich das. Und weil der Abriß des Werks Millionen kosten würde, hoffen auch die Hausherren vom Stromkonzern VEAG auf eine „wirtschaftlich rentable Nachnutzung". Ausstellungen werden da nicht reichen. „Aber vielleicht", sagt Carmen Hülsmann bevor sie nach Hause radelt, „vielleicht kommt ja mal einer vorbei, der eine gute Idee hat."

Constanze von Bullion
die tageszeitung, 17. Juni 1998

Am Anfang war die Zuckerrübe

In einem alten Kraftwerk zeigt die Region, daß sie sich ganz und gar nicht als Randerscheinung sieht, und beweist dies auf eindrückliche Weise.

Wer auf der Autobahn Berlin-Halle des Städtedreieck Dessau, Bitterfeld, Wittenberg passiert, sieht sie schon von weitem: Vier turmhohe Schlote, eng nebeneinander über einem wuchtigen Quader thronend, bilden eine markante Landmarke im flachen Land an der Elbe. Sie gehören zum Elbekraftwerk Vockerode, einer der größten Energiezentralen der ehemaligen DDR. Kein Qualm steht mehr über den Kaminen. Seit vier Jahren ist die Anlage stillgelegt. Turbinen und Generatoren sind demontiert und weggeschafft. Geblieben ist nur noch die Hülle des Großkraftwerks, ein Industriebau von gewaltigen Ausmaßen: beinahe 300 Meter lang und 40 Meter hoch die Maschinenhalle, überragt von den vier 140 Meter hohen Schornsteinen. Ein Bauwerk von ungemeiner Wucht, das wie ein Symbol für die industrielle Naturaneignung in den Elbeauen liegt.
Bis Mitte September noch ist Vockerode das ungewöhnlichste Ausstellungsgebäude Deutschlands. „Mittendrin" heißt die Ausstellung, die den Sommer über in der Kraftwerksruine gezeigt wird. Ihr Thema ist die Geschichte jenes Landstrichs in der Mitte Europas, der 1990 zum Bundesland Sachsen-Anhalt zusammengefügt wurde. Es ist der Versuch einer historischen Selbstvergewisserung, eines Brückenschlags über die Brüche dieses zerrissenen Jahrhunderts hinweg. Die Ausstellung „könnte Schrittmacher sein hin zu einer neuen Landesidentität", hofft Gerhard Seltmann, Geschäftsführer Expo 2000 Sachsen-Anhalt GmbH, die die Schau initiiert und organisiert hat. Es ist die erste Großausstellung über die Geschichte des Bundeslandes.

Auf den Spuren der Kohle
Zwei Jahre lang hat ein Team von Wissenschaftlern an der Konzeption und Realisierung der Ausstellung gearbeitet, nach Exponaten geforscht und 1500 Leihgaben aus ganz Deutschland zusammengetragen. Keine leichte Aufgabe, denn viele Museen hatten Bedenken, ihre wertvollen Exponate in einer Kraftwerksruine ausstellen zu lassen. Vor allem in Sachsen-Anhalt gab es Vorbehalte gegen diese Landesausstellung am ungewöhnlichen Ort. Beinahe in letzter Minute gelang das Vorhaben dann doch noch.
Der Weg zur Ausstellung führt durch die leeren Hallen in den Bauch des Kraftwerks. Die Ausstellungsmacher haben ihn als Erlebnispfad gestaltet, der dem Weg der Kohle in die Vorratssilos und Brennkammern des Kraftwerks folgt. Über die 85 Meter lange Schrägbandbrücke, in der zwei Förderbänder die Kohle in die Hochbunker transportierten, steigt man hinauf in die oberste Etage und von dort hinaus auf das Dach des Kraftwerks, wo eine Aussichtsplattform den Blick über das Land eröffnet: Durch die Schlote hindurch fällt der Blick auf die Elbe, schweift über das Dessau-Wörlitzer Gartenreich, folgt der Autobahn und sucht nach den stillgelegten Braunkohlegruben. Zurück im Inneren, führt ein schwindelerregender Weg hinunter ins Halbdunkel.
Urplötzlich öffnet sich das dunkle Treppenhaus in die 270 Meter lange Maschinenhalle, wo einmal Turbinen und Generatoren standen. In ihrer Mitte hängt das größte Exponat der Ausstellung. Es ist die Leuchtreklame „Plaste und Elaste aus Schkopau", die einst an der Transitautobahn für die Erzeugnisse der Buna-Werke warb, nach der Wende entfernt wurde, da sie nach der Bundesfernstraßenverordnung nicht zulässig war, und nun als Leihgabe des Deutschen Historischen Museums zurückgekehrt ist - Beutekunst

West. Nur wenige Exponate verlieren sich in der riesigen Halle: zwei dampfgetriebene Landmaschinen nebst Pflug und eine demolierte Tragfläche einer Junkers JU 52, die aus einem norwegischen See gefischt wurde und nun rekonstruiert werden soll. Das „Theatrum", ein gläserner Pavillon in der Ecke der Halle, bildet den Auftakt zu der Ausstellung. Die Exponate in den Glasvitrinen lassen Betrachter in Ratlosigkeit zurück: Unmittelbar neben dem Reliquienkasten Heinrich I. aus dem Quedlinburger Domschatz liegt ein ausgefüllter Bestellschein für eine Trabant-Limousine Luxus, neben den Magdeburger Halbkugeln, mit denen Otto von Guericke Mitte des 17. Jahrhunderts den Nachweis für die Gewalt des Luftdrucks lieferte, die Trophäe des DDR-Fußballmeisters 1. FC Magdeburg von 1973/74, eine Vitrine weiter das Straßenrennrad, mit dem der DDR-Sportstar (und heutiger PDS-Kanditat) Täve Schur auf der Friedensfahrt Triumphe einfuhr - ein irritierender Parforceritt durch die Jahrhunderte.

Bilder im Kessel

Die Irritation ist gewollt, die zusammenhanglos präsentierte Vielfalt Programm: Die Ausstellung ist ein kulturhistorischer Streifzug, der die offizielle Geschichtsschreibung ebenso einschließt wie die Alltagsgeschichte der kleinen Leute, Aufstand ebenso wie Unterdrückung und Terror, die Geschichte der Industrialisierung wie die Umweltzerstörung, die in der Region zwischen Bitterfeld und den riesigen Braunkohlentagebau-Anlagen an ihren Extrempunkt geführt worden ist.

Die eigentliche Ausstellung schließt sich dem Theatrum im angrenzenden Kesselhaus an. Im Dunkel des Vorraums zu den Kesseln erhellen nur spärlich gesetzte Spots die Exponate, die zwischen Schaltschränken, stehengebliebenen Uhren und Null zeigenden Manometern plaziert sind. Spotlights setzen die Ausstellungsmacher auch auf die Geschichte. Sie erzählen die Historie das Landes nicht als Abfolge von Epochen, sondern in schlaglichtartiger Bündelung und Zuspitzung. Die Ausstellung hat sich in das Innerste des Kraftwerks zurückgezogen: in die Kessel, in denen einst das Braunkohlefeuer loderte. Über zwölf Kessel verfügt Vockerode, gemauerte Türme mit einer Höhe von 20 Metern und einem Innenraum von acht Metern. In den Siederohren verdampfte das Elbewasser.

In jeden Kessel wurde ein Ausstellungsbild hineingebaut. Der räumlichen Konzentration auf das Innere der Kessel entspricht eine inhaltliche. Die Ausstellung „konzentriert den Blick auf zwölf Bilder, in denen historisch folgenreiche Epochen, Episoden und Konstellationen dargestellt werden", erläutert Gottfried Korff, der die Ausstellung zusammen mit Jürg Steiner gestaltet hat. Dies wäre nur von regionalem Interesse; die Grundthese der Schau ist jedoch, daß sich in dieser Region „mitten in Deutschland und mitten in Europa" zentrale Entwicklungen und Wirkungen „besonders gut aufzeigen lassen", so Franz-Josef Brüggemeier, der Dritte im Bunde der Ausstellungsmacher. „Dies war immer eine Region, die kulturgeschichtlich bedeutsam war: als Ort der Reformation, mit dem historischen Gartenreich und dem Bauhaus in diesem Jahrhundert", führt Gerhard Seltmann aus, der damit zugleich drei der zwölf Episoden benennt.

Lange bevor Luther seine Thesen an das Portal der Wittenberger Kirche schlug, ist die Region in den Geschichtsbüchern verzeichnet. Mit der Gründung des Ottonischen Reiches vor tausend Jahren rückte sie für kurze Zeit ins Zentrum der europäischen Welt, und Magdeburg wurde zu einer der bedeutendsten Städte des Reiches. In den düsteren Brennkammern gewinnt das Bild des Mittelalters an Ge-

stalt, erlebt der Besucher Gründung und Aufstieg der Hansestadt Stendal, folgt den neuen Gedanken der Pietisten und erfährt, wie Fürst Franz von Anhalt-Dessau in der zweiten Hälfte des 18. Jahrhunderts die Gedanken der Aufklärung in einem reformierten und vernunftbegründeten Staatswesen Realität werden lassen wollte.
Die Geschichte der Industriealisierung beginnt - mit der Zuckerrübe, die effektvoll aufs Podest gehoben wird. Der Zuckerrübenanbau in der fruchtbaren Magdeburger Börde wurde zum Motor der industriellen Entwicklung, die reichlich vorhandene Braunkohle legte die Grundlage für den Ausbau Mitteldeutschlands zu einem der größten Industriereviere in Europa. Die Gründung der IG Farben, das Bauhaus und die Junkerswerke sind Ausdruck dieser Entwicklung, die in den chemischen Großkombinaten und dem flächenhaften Braunkohlenabbau ihren Höhe- und Endpunkt fand. Sie war Grundlage der nationalsozialistischen Rüstungs- und Expansionspläne wie der Autarkiepolitik der DDR. Die provokanteste These birgt die neunte Episode, die eine historische Parallele zwischen den Märzkämpfen 1921 und dem Aufstand am 17. Juni 1953 zieht.

Leben in der Ruine

Überhaupt zeigt sich, daß die Geschichte der DDR nach dem Ende der staatstragenden, offiziellen Geschichtsschreibung noch ihrer Aufarbeitung bedarf. Die letze Station ist dem Kraftwerk gewidmet, das mit seinen leeren Maschinenhallen, seinen toten Steuerungsständen, staubbedeckten Manometern und Anzeigen nie nur Ausstellungsraum, sondern selbst historisches Objekt ist. Errichtet wurde das Kraftwerk von den Nationalsozialisten, um die gewaltige Rüstungsschmiede, die in Mitteldeutschland entstand, mit Strom zu versorgen. Nach dem Krieg demontierten die sowjetischen Besatzer alle technischen Anlagen und hinterließen dem neuen sozialistischen Bruderstaat eine Ruine. Vockerode war das erste Kraftwerk, das der Arbeiter-und Bauern-Staat aus eigener Kraft instandsetzte, und wurde zur wichtigsten Energiezentrale der DDR, die in Mitteldeutschland die größte Industrieregion des Ostblocks entwickelte.
Das Kraftwerk dient jedoch nicht nur als Ausstellung. Umgekehrt dient die Ausstellung auch dem Kraftwerk. „Wir wollen dieses Zeugnis der Industriegeschichte erhalten", sagt Gerhard Seltmann. „Und dabei ist die Ausstellung auch Mittel zum Zweck, die Diskussion über eine Nutzung des Kraftwerks voranzubringen."

Winfried Kretschmer

Rheinischer Merkur / Merkur Plus, 3. Juli 1998

Die Kaiser landen im Kraftwerk

Lohnend, aber arg versteckt:
„Mittendrin", eine Ausstellung über die Geschichte Sachsen-Anhalts

Vockerode - Einhundert Kennkarten von Personen, alle im Kreis Köthen geboren, sind in regelmäßige Reihen neben- und untereinander gesetzt. Die Gesichter auf den Paßbildern blicken grau und verdrossen. Links neben ihnen, über die Angaben von Name, Geburt und Beruf gestempelt, findet sich ein dem hebräischen Alphabet nachempfundener roter Buchstabe, J für Jude. Die Kennkarten hängen in einem einstigen Kraftwerkskessel, dessen Relikte noch vorhanden sind und den Vorgang einer industriellen Verbrennung assoziieren. Die papierene Hinterlassenschaft der hundert anhaltinischen Juden erhält dadurch eine weitere beklemmende Dimension.
Die Kennkarten gehören in die Abteilung „Arbeit, Rüstung Massenmord/Nationalsozialismus" innerhalb der Ausstellung „Sachsen-Anhalt in der Geschichte". Sie hat ihren Ort im ehemaligen Kraftwerk Elbe gefunden, dessen qualmende Schornsteine jedem Benutzer der einstigen Interzonen-Autobahn Berlin-Frankfurt vertraut waren. Seit 1994 ist das Werk nicht mehr in Betrieb. Als riesenhaftes Industriedenkmal steht es am Rande der kleinen Ortschaft Vockerode, hat noch ein wenig Bedeutung als Gewerbefläche und beherbergt für diesen Sommer die Ausstellung, die im Rahmen der Vorbereitungen auf die Expo 2000 entstand.
Sachsen-Anhalt als Bundesland sei jung an Jahren, schreibt in einem Geleitwort Ministerpräsident Reinhard Höppner. Er unterschlägt, daß es sich außerdem um ein ziemlich synthetisches Gebilde handelt, entstanden auf dem politischen Reißbrett der siegreichen Alliierten und Regionen zusammenfassend, die nicht mehr gemeinsam haben als eine zufällige Nachbarschaft. Die preußische Provinz Sachsen, ihrerseits Kreation des Wiener Kongresses, reicht von Stendal bis zum Ostharz und bis zu Saale und Unstrut. Die anhaltinischen Fürstentümer gingen spät in der alleinigen Herrschaft Anhalt-Dessau auf, das bis 1933 ein Freistaat war. Sachsen-Anhalt, überwiegend aus der Konkursmasse Preußens bedient, umfaßt noch die Altmark, aus der einst Brandenburg entstand, die aber heute zum Bundesland Brandenburg selbst nicht gehören will. Wie angesichts solcher Konstrukte ein historisch zu begründendes Identitätsgefühl wachsen soll, bleibt die Frage.
Kann das womöglich eine Ausstellung leisten? Und kann es just diese? Der Vorzug des Ortes, integraler Teil der Exposition zu sein, ist zugleich sein Nachteil: Er liegt so versteckt, daß, wer von dem Unternehmen nichts weiß, hierher kaum findet; den vielen Benutzern der Autobahnbrücke über die Elbe wird es unbegreiflicherweise nicht bekannt gemacht.
Dabei ist die Veranstaltung wohlüberlegt und präsentiert sich in angemessener Form. Sie gewinnt ihrem diffusen Gegenstand ein paar über sich hinausweisende Aspekte ab, sie operiert mit den Möglichkeiten moderner Ausstellungsästhetik. Die brachte es in den letzten Jahren zu großem Publikumszuspruch, wiewohl (oder weil) sie sich gegen das optische Überangebot des Fernsehens behaupten mußte - unter anderem, indem sie dessen Mittel aufgriff. So gibt es auch hier reichlich Videotapes, dazu akustische Dokumente, die sich über Kopfhörer abrufen lassen; statt der sonst üblichen Dia-Performance läuft vom Band ein Vortrag, der mobile Übersichtskarten nutzt, und die zwölf Heizkessel des stillgelegten Kraftwerks erweisen sich nicht nur im Fall des Komplexes über die Nazijahre als hilfreicher Kommentar.

Bereits im ersten Raum, den Ottonen gewidmet, wecken die vielen, hinter den historischen Bildzeugnissen senkrecht verlaufenden Rohrleitungen Erinnerungen an die Bündelpfeiler hochmittelalterlicher Dome. Auch die Themen industrialisierte Landwirtschaft, Großindustrie von Leuna, Bauhaus und Junkerswerke in Dessau profitieren von diesem Ambiente. Der Nachteil sei nicht unterschlagen: Er besteht in der Gleichförmigkeit der vorgegebenen Flächen. Mobile Räume wären manchmal wohl hilfreicher gewesen, und wieso man die Vorräume nicht stärker einbezog, läßt sich schwer einsehen.

Vockerode ist nicht der erste aufgelassene Industriestandort, der eine derartige Nutzung erfährt. Voran ging Oberhausen mit der Ausstellung „Feuer und Flamme"; zwei der dortigen Organisatoren, Franz-Josef Brüggemeier und Gottfried Korff, sind auch in Sachsen-Anhalt beteiligt. Korff kennt man noch durch seine Teilnahme an der Preußenausstellung von 1981, die erstmals nachdrücklich auf das inzwischen selbstverständliche Medium der inszenierten Räume setzte. Das gibt es auch hier einmal, bei den Thingimitationen der Nazis.

Insgesamt präsentieren sich 14 Schwerpunkte. Das reicht von den Sachsenkaisern über mittelalterliche Kloster- und Städtegründungen bis zu Reformation und Pietismus, um dann vom Dessauer Philanthropinismus bis zu Industrialisierung und politischem Totalitarismus zu führen. Mit dem Ende der deutsch-deutschen Grenze endet der Rundgang, dem noch etwas Vockeroder Industriegeschichte höflich angehängt wurde.

Wieso Stadtgeschichte am Beispiel Stendals und nicht einer der (viel ergiebigeren) Harzstädte, etwa Quedlinburgs, entwickelt wird, bleibt unverständlich, aber wahrscheinlich mußte man die Altmark bedienen. Bei Leuna taucht der Name Rathenau überhaupt nicht auf, und beim modernen Dessau gibt es ein bißchen viel Junkers und ein bißchen wenig Bauhaus. Warum aber das Unternehmen den flapsigen Namen „Mittendrin" tragen muß, bleibt das Geheimnis der Veranstalter.

Gleichviel; Vockerode lohnt einen Besuch, es lohnt ihn dringend. Die Sache ist mit Geschmack und Überlegung gemacht. Sie erschlägt ihre Besucher nicht. Sie enthält ungewöhnliche Details und hinterläßt einen bleibenden Eindruck. Eine große Münchner Tageszeitung mäkelte, die Verbindung zum benachbarten Wörlitz sei nicht nachdrücklich genug ausgezogen, was ein rechter Unsinn ist: Dessau und zumal dessen verdienstvoller Fürst Leopold Friedrich Franz, Anreger des Weimarer wie des Potsdamer Klassizismus, sind nun wirklich ausführlich genug dargetan.

Der Katalog wiegt schwer, mancher Beitrag liest sich arg hölzern. „Mittendrin" wäre bestens geeignet, das gebeutelte Land Sachsen-Anhalt aus seinen negativen Schlagzeilen - Industrieelend, Ökoverseuchung, Arbeitslosigkeit und Höppners fahrlässiges Taktieren mit der PDS – nachdrücklich herauszuholen. Aber ach, eben diese Schlagzeilen drohen nun auch die Ausstellung zu ersticken.

Rolf Schneider

Die Welt, 16. Juli 1998

Zonenrandgruppenförderung

Identität und Altlast: die Ausstellung „Mittendrin - Sachsen-Anhalt in der Geschichte" in Vockerode

Manche Leute kommen wirklich auf merkwürdige Gedanken. Gleich hinter der Abfahrt Dessau Ost sehen sie von der Bundesautobahn A2 aus rechts in der Ferne die Silhouette eines Schiffs. Vier hohe Schornsteine und ein riesiger Torso sind zu erkennen. Wie ein romantischer Ozeanriese sehe das Monstrum aus, phantasieren manche - selbst noch, wenn sie näher dran sind. So steht es in Zeitungsberichten, in Werbebroschüren.
Wir fahren näher heran und sehen gar nichts Romantisches. Mittendrin in der Kulturlandschaft Wörlitz, einem der schönsten Landflecken Sachsen-Anhalts überhaupt, macht sich ein fast 300 Meter langes Kraftwerk breit, mit profanen grauen Schonsteinen. Bis 1994 hat das Kohlekraftwerk jahrelang das Land mit Schadstoffen eingedeckt, und - gewiß, ja - auch mit Energie versorgt und 1500 Menschen beschäftigt. Trist und sinnlos steht es nun da, und, schreiben wir es doch: arg häßlich, so mittendrin. Noch als Todesfall eine Belastung, ein Abriß würde mehrere Millionen Mark kosten.

Das ist der Ort, den Sachsen-Anhalt sich für seine Landesausstellung „Mittendrin: Sachsen-Anhalt in der Geschichte" ausgesucht hat. Eine Suche nach Identität in einer leblosen Altlast. In zwölf eisernen, apartement-großen Brennkesseln, in denen früher die Braunkohle verfeuert wurde, zeigt die Ausstellung Fragmente aus der Geschichte Sachsen-Anhalts. Kühl steht die Luft in den Eisenkammern, so daß der die Schultern leicht vorzieht, der hier zu lange vor den Exponaten steht. Die dunklen, eisernen Kammertüren wollen gelegentlich zufallen, verbreiten dabei einen altersschwachen Klageton.

Bilder in rostigem Ambiente
Zwölf ungemütliche Kerker für die Geschichte, in denen sich Reliquien aus der Zeit der Klostermission oder Zeugnisse der Reformation gegen die rostbraune Grundfarbe behaupten sollen. In denen Schriften des Hallenser Theologieprofessors August Hermann Francke die Kraft widerspiegeln sollen, die von seinem Werk ausging und heute nachwirkt - bezeugt etwa durch Franckes: „Schrifftmäßige Lebens-Regeln, Wie man so wohl bey als ausser der Gesellschaft die Liebe und Freundligkeit gegen den Nechsten, und Freudigkeit eines guten Gewissens für GOTT bewahren, und im Christentum zunehmen soll" (Leipzig 1695). Auch die Zeugnisse der angewandten Aufklärung, in Sachsen-Anhalt beispielhaft umgesetzt nach dem Willen des Fürsten Leopold III. Friedrich Franz, sollen gegen die Enge des beklemmenden Feuerkessels bestehen. Und kommen nicht dagegen an, meistens nicht. Auch ansehnlichste Exponate wie die Radierung mit der Ansicht der Stadt Dessau aus dem Jahr 1801 oder eine Ansicht von „Bogen und Bildsäule des Herzogs Franz im Georgium in Dessau" erscheinen rostbefallen. Als hätten die Ideen heute keinen Nutzen mehr, als sei dies alles nicht mehr zu gebrauchen (was doch ein Irrtum wäre), als sei da nicht anzuknüpfen. Kaum entstehen anregende Spannungen, das Schöne wirkt bestenfalls fremd und grotesk inszeniert, fast morbid ist die Stimmung.
Das Düstere paßt gewiß im eindrücklichen Farbton an anderer Stelle, zu anderen Epochen: allemal zur sumpfigbraunen, deren Kammer hier fast einer chamber of horrors gleichkommt. Entsetzliche Details aus der mitteldeutschen Provinz des Dritten Reichs: etwa ein Photo der Busgarage in Bernburg, die eigens für die Patienten der Euthanasie-

Anstalten der Kleinstadt Bernburg eingerichtet wurden. Die Busse fuhren in die Holzgaragen ein, die Tore wurden geschlossen und die Patienten von dort durch einen geschlossenen Verbindungsgang in den Tötungsraum gebracht. Schlichte Garagen zeigt das Photo, die mit Riegeln und schwarzen Beschlägen nur ein wenig geschlossener wirken als Garagen sonst.
Und noch eine Farbe kommt in der engen Sonnenlosigkeit der Kessel prächtig zur Geltung: das Ostzonengrau. „Stürmt die Höhen der Kultur" rief Walter Ulbricht die allzu unwillige Arbeiterschaft auf und schenkte ihnen also Arbeiterfestspiele zur Pflege der sozialistischen Moral: „anspruchsvolle Literatur lesen, Ehefrauen mit dem Arbeitsleben der Ehemänner bekanntzumachen". Der „Bitterfelder Weg" sollte aus der Arbeiterschaft heraus gar eine staatstreue Kunst hervorbringen: Greif zur Feder Kumpel.
„Das Unternehmen mißlang", wird in der Ausstellung lapidar festgestellt: „Auch viele der neuen Künstler ließen sich das eigenständige Denken nicht verbieten." Lächerliche Protokolle dokumentieren, wie etwa am Objekt eines um Wahrhaftigkeit bemühten Schriftstellers das Austreiben des eigenständigen Denkens versucht wurde. Tatsächlich gebracht hat es den Sachwaltern des Sozialismus manche gefährlich realitätsnahen Beschreibungen von den kreativeren Künstlern. Zuweilen armselig blaß und niederschmetternd pfiffig wirken die Überbleibsel der in Malgruppen oder Schreibzirkeln entstandenen Laienkultur. Aber das gilt nicht immer, manches beeindruckt, wirkt sehr ernsthaft - und die irritierende Frage drängt sich auf, ob am Ende die verordnete, staatlich angeregte Kulturausübung für manche zur genutzten Chance wurde.
Haben da Menschen planmäßig Kunstsinn entwickelt? Diese Kunstproduktion sei nicht gering zu bewerten, heißt es im Ausstellungskatalog; eine massenhafte Kunst- und Kulturrezeption sei bei Teilen der Bevölkerung hervorgerufen, das kritische DDR-Publikum der siebziger und achtziger Jahre geformt worden. Und dann? Was kam dann, was hatten die Machthaber nun von alledem?
Die Ausstellung „Mittendrin" sagt dazu nichts. Ein kleines Tonband dokumentiert noch den Auftritt einer kritischen Sangesgruppe im Jahr 1985, an dem hauptsächlich beeindruckend ist, daß wohl nur gelernte DDR-Bürger das Kritische am harmlosen Auftritt erkennen können, die anderen aber Rätselaugen machen und keine Erklärung verstehen können. An die Aktion „Schwerter zu Pflugscharen" erinnert auch noch eine Stellwand, danach geht es nur noch in eine letzte Trauerhalle, die industrieromantisch das Ende des Kraftwerks beweint. 1994 wurde Vockerode stillgelegt. Unter den letzten Photos der Ausstellung heißt es: „Die Abschaltung des Werkes wurde in der Schaltwarte durchgeführt in Gegenwart zahlreicher Kraftwerker."

Stillgestanden in Ruinen

Dieser Moment ist auf den Photographien festgehalten. „Sie vermitteln eindringlich die große Verbitterung über den Verlust von Arbeitsplatz und Identität." Damit hört hier alles auf. Keine Aussicht auf anderes, kein Ausblick kommt danach, nichts führt hinaus. Ja, soll das denn allein die Hymne von Sachsen-Anhalt in den Neunzigern sein: Stillgestanden in Ruinen? Soll tatsächlich behauptet werden, daß dieses Land der Reformation, des Bauhauses, der Chemie sich nur noch als Kulisse für Inszenierungen des Untergangs eignet? So etwas hat in Sachsen-Anhalt fast Methode und dabei - wohl vor allem für Außenstehende - gelegentlich seinen Charme. Nur wenige Kilometer vom Kraftwerk entfernt haben Dessauer Bauhaus-Mitarbei-

ter die größte Stahlskulptur Europas aus gigantischen alten Tagebaubaggern errichtet: Ferropolis - die Stadt aus Eisen. Eine faszinierende Einladung an Perfomance-Künstler, und die Rolling Stones könnten hier ihre millionenteure Bühne weglassen. Durchaus, eine schöne Kulisse - aber was für ein Film soll gespielt werden? Im Kulturprogramm des Kraftwerks Vockerode wird demnächst auch Kabarett gegeben, Titel: „Die Zukunft haben wir hinter uns."
Das kann doch nicht alles sein. Das ist nicht alles, selbst in Sachsen-Anhalt gibt es mehr als eingebildete Schiffe, die nur überflüssige Kraftwerke sind.

Jens Schneider
Süddeutsche Zeitung, 20. Juli 1998

Lob der Runkelrübe

Ausstellung in Vockerode:
Sachsen-Anhalt
sucht historische Identität

Dies ist die Apotheose der Runkelrübe. Konserviert in Alkohol schwebt sie im Glas und ist der Blickfang einer zum Museum mutierten Brennkammer im 1937 erbauten, 1994 stillgelegten Kraftwerk Vockerode bei Dessau. Die Rübe ist auch das Sinnbild auf einem der Plakate, die auf die Ausstellung „mittendrin - Sachsen-Anhalt in der Geschichte" hinweisen. Die Rübe, das Kraftwerk, das Bundesland - hier gehört Ungleiches zusammen.
Acht Jahre nach der Wiedergründung eines Landes, das nur von 1947 bis 1956 existiert hat, inszenieren Historiker den Versuch zu einer Kulturgeschichte jenes politischen Gebildes. Das ist gewagt. Sachsen-Anhalt steht allenfalls am Beginn einer Identitätssuche. Das Land leidet weiter unter dem Zusammenbruch seiner Großindustrie, die jahrzehntelang den Menschen die alltägliche Vergewisserung ihres Daseinszwecks gab.
Nicht umsonst ist „mittendrin" ein Projekt der Dessauer Expo-Gesellschaft noch vor dem Jahr 2000, in dem Sachsen-Anhalt zur „Korrespondenzregion" der Weltausstellung wird. Nicht wenige halten sie für das einzige an der Realität überprüfbare Expo-Großprojekt überhaupt. Der industrielle Niedergang zwingt zu einem Wiederaufbau, der die Lehren aus den Exzessen der Industrialisierung zieht, die Mitteldeutschland erlebt hat. Die Expo will ein Experimentierfeld der Alternativen sein. Der Erfolg ist nicht garantiert.
Auch nicht für „mittendrin". Von dem Ereignis, das drei Millionen Mark gekostet hat, nehmen die Medien kaum Notiz, die Besucher bleiben aus. Und das, obwohl von der Autobahn Berlin-Leipzig niemand den Koloß und seine vier Schlote übersehen kann.
Die große Halle, die kein Maß zu kennen scheint, steht allerdings leer. Als das Werk abgeschaltet wurde, war der Abriß beschlossen. Die Turbinen wurden verschrottet. Auf Drängen der Expo wurden die Arbeiten gestoppt. Sie braucht Vockerode als Symbol: als Gigant einer Industriegesellschaft, die umdenken muß.
In den zwölf Heizkesseln des Werks fanden die Ausstellungsmacher Räume, wie sie noch niemand sah. Über dreißig Meter hoch steigen die Schlünde der Brennkammern empor, in denen einst ein nie verlöschender Feuerball aus Braunkohle die Siederohre an den Wänden erhitzte. Darin stieg der Dampf auf, der die Turbinen trieb.

Gleich gotischen Rippengewölben verliert sich das Geflecht der Rohre in dämmrigen Höhen.

Zu zwölf Schwerpunkten verdichtet, setzen die Ausstellungsmacher einzelne Epochen in jeder der Brennkammern in ein sprechendes Verhältnis zum Raum. Für das Mittelalter mutieren die Schlünde zur Kathedrale mit auratisch hinterleuchteten Glasfenstern. Terrakottagefliester Boden suggeriert in der Kammer, die Stendal als Hansestadt gewidmet ist, die Atmosphäre eines Ratssaals. Ein Kasten aus Eisen, wie ihn Tetzel für seine Ablaßbriefe herumtrug, umschließt die Reformation.

Erfahrungen etwa aus dem umgewandelten Gasometer in Oberhausen sind auch in die Vockeroder Schau geflossen. Wie in Oberhausen sind sowohl das Bauwerk als auch das Panorama, das sich vom Dach bietet, Teil der Attraktion. Der Grund für das mangelnde Besucherinteresse muß in der schwachen Werbung liegen, aber auch daran, daß die große optisch wirksame Masse des Kraftwerks kaum ausstellungswirksam instrumentalisiert wurde. Mit der Raumfülle der Halle wußten die Initiatoren nichts anzufangen.

Populäre und kuriose Zugnummern unter den 1500 Objekten sind in einem Zelt, das in der Halle verloren herumsteht, ramschartig verschenkt. Insgesamt aber hat diese Ausstellung mehr Neugier verdient. Denn Vockerode steht für einen unterbrochenen Energiestrom und unternimmt einen höchst sinnlichen Deutungsversuch der Geschichte.

Beispielsweise zum Nationalsozialismus: Das ist die einzige Kammer, in der der Besucher auf den Boden des Schlundes hinabsteigt, statt ans Licht ins Dunkel. In Sachsen-Anhalt findet die Nazi-Ideologie die Weihe als Rumpelkammer der Geschichte. Fotos von der ersten Thingstätte bei Halle teilen sich den Raum mit verkitschten Idealporträts mittelalterlicher Identifikationsfiguren, am Boden liegt der zerbrochene Reichsadler von der Apsis der Quedlinburger Stiftskirche, als sie Himmlers SS-Weihestätte war.

Die Interpretation der Geschichte zeigt vielfach auf Parallelen und Querverweise. Leuna als Ort der Arbeiteraufstände von 1921 und 1953; das Dessauer Bauhaus und die Junkers-Werke.

Aber wenn es Sachsen-Anhalt als eine Landschaft kollektiver Erfahrung gibt, dann verdankt es diese jedenfalls in einem hohen Maße der Runkelrübe. Nicht umsonst steht sie so triumphal inmitten der Brennkammer, die der Landwirtschaft gewidmet ist. Die Zuckerfabriken schufen den ersten großen Wohlstandsschub, aber auch eine Arbeiterkultur. Von dort ging es zum Bitterfelder Weg und weiter zum Schwert, das Pflugschar wurde.

Das ist nicht besonders viel. Doch es bleibt fraglich, ob es in diesen Breiten noch einmal ähnliche Erfahrungen der Gemeinsamkeit geben wird.

Günther Kowa

Berliner Zeitung, 21. Juli 1998

Sachsen-Anhalt
Zukunft im Industrie-Skelett

Landesausstellung
im Kraftwerk Vockerode

Vier gigantische Schornsteine und ein 300 Meter langer Kraftwerksklotz nahe der Autobahn Berlin-Nürnberg und unweit der Stadt Dessau sind zur Kulisse eines provisorischen Museums mutiert, in dem Sachsen-Anhalt über seine Zukunft nachdenken läßt.

Die Ausstellung endet mit dem Ende des Kraftwerks Vockerode: „Die Abschaltung des Werkes wurde in der Schaltwarte durchgeführt in Gegenwart zahlreicher Kraftwerker", steht unter den letzten Fotos, „sie vermitteln eindringlich die große Verbitterung über den Verlust von Arbeitsplatz und Identität." Als am 10. Oktober 1994 um 12.08 Uhr das mächtige Braunkohlekraftwerk an der Elbe vom Stromkonzern Veag vom Netz genommen wurde, wird aber auch aufgeatmet, denn nicht nur die nahegelegenen Wörlitzer Parkanlagen und die Dübener Heide sind durch Flugasche und Schwefeldioxid-Ausstoß strapaziert worden. Laut Werksarchiv wurden z. B. 1968 täglich 120 Tonnen Flugasche emittiert, zehn Jahre später war in einer Umweltschutzanalyse von deutlicher Überschreitung der Grenzwerte die Rede. Die schweflige Asche war der Preis für 1500 Arbeitsplätze im Kraftwerk, eine Zahl, die heute nur noch von den Exponaten der ersten kulturhistorischen Landesausstellung „Mittendrin" erreicht wird, eingelagert in die zwölf stillgelegten Brennkesseln. Die Beschaffung der Leihgaben, zu denen Kostbarkeiten wie die Lutherkanzel, das Cranach-Bild „Abendmahl" und das älteste deutsche Gesetzbuch, der „Sachsenspiegel", gehören, war oftmals schwierig. Nicht jedes Museum war von der Idee begeistert, mittelalterliche Skulpturen oder Tafelgemälde aus dem 16. Jahrhundert für die Präsentation in einem abgetakelten Industriebau herzugeben. Gottfried Korff, Mitglied der Lenkungsgruppe der Ausstellung, klagte, daß die Leihverhandlungen mit Einrichtungen des Landes bisweilen langwieriger waren als mit westdeutschen Museen. Nun ja, die Ausstellungsmacher kommen selber aus dem Westen, der Beirat aber ist gemischt, hier finden wir auch Namen wie Friedrich Schorlemmer und Peter Sodann. Gerhard Seltmann von der Expo 2000 Sachsen-Anhalt GmbH, der Veranstalterin, wünscht sich die Ausstellung als „Schrittmacher hin zu einer neuen Landesidentität." Auferstanden aus Ruinen - wie das Kraftwerk Vockerode, das zwischen 1937 und 1940 errichtet, ab 1953 als erstes Großkraftwerk der DDR wiederaufgebaut wurde, dem Abriß nach der Stillegung vor allem aus Kostengründen entging und nun dauerhafter Neunutzung harrt?

Können „die Skelette der untergehenden industriellen Welt" (Ministerpräsident Höppner) „in einer Zeit großer Umbrüche" zu Innovation, technischer und gesellschaftlicher Erneuerung inspirieren? Die Ausstellung umspannt die Vielfalt der Geschichte von tausend Jahren auf einem Territorium, das bislang insgesamt gerade mal 13 Jahre als Sachsen-Anhalt existiert hat (1947 bis 1952 und seit 1990); sie kann gar keinen Anspruch auf Vollständigkeit erheben, sondern will über zwölf Stationen der Geschichte zur individuellen Spurensuche anregen. Von Kaiser Otto I. bis zum „Bitterfelder Weg", vom machtbewußten sächsischen Adel bis zum DDR-Programm zur Entwicklung künstlerisch tätiger Arbeiter.

Daß ausgerechnet in Anhalt den Nazis im April 1932 erstmalig die Regierungsübernahme auf Länderebene gelang, eröffnet das düsterste Kapitel „Arbeit, Rüstung, Massenmord. Die Region Sachsen-Anhalt im Nationalsozialismus." Eine Büchse für 500 Gramm „Zyklon-B", produziert von den „Dessauer Werken für Zucker- und Chemische Industrie AG", versinnbildlicht das grauenvolle Ergebnis der faschistischen Machtausübung. Allein in Auschwitz wurden etwa eine Million Menschen mit „Zyklon B" ermordet. Und daß jetzt ausgerechnet in Sachsen-Anhalt die rechtsextremistische DVU bei den Lehrlingen stärkste und bei den Arbeitern zweit stärkste Partei geworden ist (Infratest dimap Wahltagsbefragung Landtagswahl 1998), gibt vor dem historischen Hintergrund sehr zu denken.

Das Theatrum, der Eröffnungsraum, stimmt mit historischem Rundumschlag auf die Ausstellung in den Kesseln ein. Hier finden wir das Straßenrad „Diamant" von Täve Schur aus dem Sportmuseum Leipzig, das Gelbe Trikot für den Gesamtsieger der Friedensfahrt 1955, eine Landmine aus der Gedenkstätte Deutsche Teilung Marienborn, einen Zeitzer Kinderwagen von 1939 und eines der Lebensmittel-Ostpakete der Agrarmarketing-Gesellschaft Sachsen-Anhalt von 1996. Aber auch Utensilien der Protestaktion gegen Arbeitslosigkeit „5 nach 12" aus Privatbesitz in Dessau, eine Fabrikuhr, Flugblatt, Unterschriftenliste. Den Kesseln schließt sich ein Abschnitt „Grenzverletzungen" an, der sich mit symbolischen Höhepunkten gesellschaftlicher Gärprozesse in der DDR wie „Schwerter zu Pflugscharen" befaßt, die dem Herbst 1989 vorausgingen.

Die Geschichte des Kraftwerkes rundet die sehenswerte Ausstellung ab. Gebaut wurde es für die Energieversorgung der mitteldeutschen Industrieregion und Berlins, 1937 haben die Buna-Werke, für die NS-Wirtschaftspolitik von enormer Bedeutung, ihre Produktion erheblich erhöht. Schon im ersten Weltkrieg wurden in der Region kriegswichtige Industriebetriebe angesiedelt, weil sie hier außerhalb der Zone feindlicher Fliegerangriffe lagen. Auch im Kraftwerk Vockerode wurden im zweiten Weltkrieg Zwangsarbeiter eingesetzt, darunter viele Ukrainer und Weißrussen. Die heutige Architektur des Kraftwerks ähnelt dem Ursprungsbau, ist jedoch von der Instustriearchitektur der 50er Jahre stark geprägt.

Die Ausstellung gibt nicht nur Rückblick, sondern auch Vorgeschmack auf das, was Besucher im Jahr 2000 in der Korrespondenzregion der Weltausstellung Expo, im Raum Bitterfeld-Wolfen-Dessau, über Sachsen-Anhalts Industrielandschaften und den Umbruch in Ostdeutschland erfahren können. Und was es bedeutet, „die Konfrontation zwischen Ökologie, Ökonomie und Kultur zugunsten konsensfähiger Lösungen zu überwinden" (Seltmann), kann man ja vielleicht in den nächsten Jahren in Sachsen-Anhalt besichtigen. Wenn alles gutgeht.

Marcel Braumann
Neues Deutschland, 4. August 1998

Von den Ottonen bis zu Täve

„mittendrin" - eine Ausstellung
zeigt die Geschichte Sachsen-Anhalts

Kürzlich mußte der Altbundespräsident Richard von Weizsäcker einen Leserbrief an die FAZ schreiben und folgende Behauptung in einem Leitartikel richtigstellen: Sachsen-Anhalt sei ein Land von geringer wirtschaftlicher und kultureller Substanz und schwach ausgeprägter Identität. Weizsäcker schrieb: „Zweifellos trifft die Aussage für die Wirtschaft des Landes zu;" aber, korrigierte er den Leitartikel, bei Sachsen-Anhalt handele es sich „um eine unserer ältesten Kulturlandschaften. Hier haben die salischen Kaiser Handel, Bergbau und Künste zu hoher Blüte geführt, von hier ging eine ganz Mittel- und Osteuropa prägende Rechtsentwicklung aus (Sachsenspiegel). Hier wirkten Luther, die Familie Bach, Cranach...Trotz Kriegszerstörungen und jahrzehntelanger Vernachlässigung gibt eine Reise durch das Land und der Besuch von Städten wie Nauenburg, Halle, Wittenberg, Quedlinburg, Halberstadt, Magdeburg und Tangermünde einen unübertrefflichen und unersetzbaren Begriff von den Ursprüngen deutscher politischer und kultureller Identität."
Er hat ja so recht, der Altbundespräsident. Und der Altbundesbürger, wenn er sich denn endlich aufmacht, die neuen Bundesländer zu entdecken („Sind die Hotelbetten zumutbar?"), wäre beschämt, erstaunt und entzückt zugleich, auf was für reiche Landschaften er dort trifft, reich an Geschichte und Geschichten.
Altbundesbürger, fahr nach Vockerode. Du kannst es nicht verfehlen! Nimm die A 9, und du siehst bei Dessau, unmittelbar an der Elbe, die vier riesigen Türme eines stillgelegten Kraftwerks. Dorthin mußt du, und du erlebst die am besten komponierte kulturhistorische Ausstellung, die in diesem Sommer in deutschen Landen zu sehen ist. Da würde auch der große Ausstellungsmacher Christoph Stölz, Chef des Historischen Museums Berlin, nicht widersprechen.
Zwei Jahre lang hat eine Gruppe von Historikern aus den neuen und den alten Bundesländern diese Schau erarbeitet, die schlicht „mittendrin" heißt, aber auch nicht besser heißen könnte. Es ist der gelungene Versuch, die Geschichte Sachsen-Anhalts, gegliedert in ein Dutzend Themenbereiche anhand von zum Teil ganz exquisiten Exponaten, darzustellen. Das Besondere aber ist der Ort. Nicht ein Kloster, wie die Sachsen es für ihre zur selben Zeit laufende Landesausstellung bevorzugen, sondern eine stillgelegte Dreckschleuder - das berühmt-berüchtigte Elbekraftwerk.

Wie ein Gigant gegen die Vergeßlichkeit
Es hat nicht den Charme der Völklinger Hütte, die als Industriedenkmal zum Weltkulturerbe geadelt wurde, aber es hat in seiner ruhigen Gelassenheit und auch Bedrohlichkeit inmitten der Wörlitzer Landschaft einen ganz besonderen Reiz. „Geschichte im Stillstand" zeige sich in diesem Elbekraftwerk, schreibt der Historiker Gottfried Korff, der zu den Ausstellungsmachern gehört, und meint, keinen besseren Ort gefunden zu haben, weil das riesige Werk „wie eine Gigant gegen die Vergeßlichkeit" wirkt und Fragen an die Geschichte der Region hier neu sortiert werden können.
Historische Ausstellungen sind immer auch Inszenierungen. Vockerode ist Teil dieser Inszenierung geworden. Das Herzstück des Kraftwerkes waren zwölf Kessel, acht mal acht Meter, zwanzig Meter hoch mit Siederohren an den Wänden. Hier wurde Braunkohle verfeuert, sie erhitzte das Wasser in den Rohren, deren Dampf schließlich Turbinen in Gang setzte.

Diese Brennkammern sind jetzt Bestandteil der zwölf Themenfelder der Ausstellung geworden. Zwölf Stationen, die tausend Jahre umfassen. Von der ottonischen Königslandschaft über die klösterlichen Missionen zur Reformation Luthers bis hin zur Geschichte in der DDR. Eine Station ist beispielsweise der Zuckerrübe gewidmet: Rüben unter Dampf oder die industrialisierte Landwirtschaft. Wie hier auf kleinstem Raum anhand weniger Exponate die Geschichte der Landwirtschaft in der reichen Magdeburger Börde dargestellt wird, ist nicht nur lehrreich, sondern auch unterhaltend. Die Rübenbarone steckten in ihrer weltmännischen Attitüde mit Cut, Spazierstock und Zigarre ihre ostelbischen Junker-Kollegen locker in den Sack.

Eine andere Station zeigt Stendal und die Geschichte der Hanse. Die Brennkammer, in der dies inszeniert ist, vermittelt auf wunderbare Weise die Atmosphäre eines Ratssaales. Eine Kammer ist der Aufklärung und dem Pietismus in Halle gewidmet. Der „Angewandten Aufklärung im Fürstenstaat" die nächste, „Unruhiges Mitteldeutschland 1921, 1953" heißt eine weitere Station mit bedrückenden Photos erschossener Arbeiter der Leuna-Werke (1921) und Dokumenten zum Aufstand vom 17. Juni 1953, der hier heftiger ausbrach als anderswo. „Kunst und Technik - eine neue Einheit? Das Bauhaus und die Junkerswerke in Dessau" nennt sich der zehnte Themenkomplex. Auch hier eine Fülle schöner Exponate.

Wie denn „mittendrin" zudem recht kurzweilig ist. Wo sieht man alle Tage ein Seidenbeutelchen mit den Nabelschnurresten der Kinder des „Alten Dessauers." („Welche Absicht die Eltern damit verfolgten, die Nabelschüre von mindestens sieben ihrer Kinder zu den Akten zu nehmen, gehört zu den wohlgehüteten Geheimnissen des Fürstenhauses", heißt es in dem vorzüglichen Katalog, der leider viel zuwenig Abbildungen enthält.) Täve Schurs Rennrad gibt es zu sehen oder die echte Lutherkanzel, einen „Katechismus der Schaafzucht" oder das Schwert, das Pfarrer Schorlemmer zu einem Pflug umschmieden ließ.

Die Geschichte der sachsen-anhaltinischen Region ist sicher noch nie so intelligent und liebevoll bis ins kleinste Detail präsentiert worden wie in Vockerode. Und die Beschränkung auf 1500 (klingt nur viel) zum Teil noch nie öffentlich gezeigter Objekte tut das Ihre dazu, daß der Besucher bereichert, nachdenklich und beschwingt zugleich den Heimweg antritt.

Besucher: Sie können zahlreicher kommen. Dreißigtausend sind bisher gezählt worden. Die benachbarten Sachsen sind gewiefter, sie haben für ihre Landesausstellung intensiv getrommelt und begrüßen dieser Tage den hundertausendsten.

Marketing heißt leider nun einmal das Zauberwort dieser Tage. Die Sachsen-Anhaltiner müssen noch lernen, es zu buchstabieren. Auf jeden Fall sollte ihnen gelingen, „mittendrin" über den 13. September hinaus zu verlängern oder es wenigstens im nächsten Jahr zu wiederholen. Vielleicht traut sich der eine oder andere Altbundesbürger doch noch nach Vockerode an der A 9.

Haug von Kuenheim
DIE ZEIT, 13. August 1998

Mittendrin

Anmerkungen zu einer historischen Schau in Sachsen-Anhalt

Professor Rüdiger Schultka ist Anatom an der Martin-Luther Universität Halle-Wittenberg und in diesem Amt auch zuständig für die anatomische Lehre für Mediziner. Ort seiner Tätigkeit ist ein steil ansteigender Hörsaal, der eine wunderbare Akustik habe und der das Theatrum genannt wurde, eine Bezeichnung, die nicht singulär ist, aber immerhin bezeugt, welch spektakulären Dinge hier veranstaltet wurden. Es geht in diesem Theater um nicht wenig, der Mensch wird seziert, sein Innerstes nach außen gewendet, seine festen Teile von den weichen getrennt. Der Anatom ist der Erstentdecker der Innenwelt; seine Reise unter die Haut, hinein in den Leib war sicherlich so aufregend und gefährlich wie die Expeditionen von Captain Cook.

Professor Schultkas anatomische Sammlung zeigt Absonderliches und lehrt in nuce, daß die Normalität den Mediziner am wenigsten interessiert. Embryonen mit zwei Köpfen, drei Armen, einem überdimensionierten Penis, sind ebenso normal in dieser Sammlung wie das Gerippe von Professor Johann Friedrich Meckel, der die Sammlung begründete, und der sich dabei so sehr engagierte, daß er nach seinem Tod 1774 selber zum Objekt mutierte, das - man möchte fast sagen - lächelnd in einem Holzschrank aufrecht steht und dessen Anwesenheit sogar noch durch eine körperliche Mißbildung legitimiert ist: statt der 12 Rippenbögen verfügt er über einen mehr, was seine Frau nach der Offenlegung dieser anormalen Körperarchitektur zu der Bemerkung hingerissen haben soll, die Professor Schultka zitiert: „Ach wenn das der Babba noch erlebt hätt'".

Die anatomische Sammlung ist ein Vorläufer des historischen Museums, die fürstliche Wunderkammer - ebenfalls in Halle in den Franckeschen Sammlungen zu besichtigen - der andere, mit dem weniger Wunderglaube als Einblick in den unermeßlichen Reichtum der Naturgeschichte und Menschheitsgeschichte vermittelt wurde. Eine Linie wurde von den Steinen über die Land- und Seepflanzen hin zu den Tieren und Menschen gezogen. Über die internationalen Verbindungen Franckes wurden von überall her staunenswerte Merkwürdigkeiten gesandt und im naturkundlichen Unterricht des Waisenhauses eingesetzt, zumeist ohne den späteren Dünkel gegenüber den ethnographischen Eigentümlichkeiten fremder Kulturen, sondern mit einem frommen Staunen über die Vielfalt der anderen Welten.

Der langen Einführung kurzer Sinn ist der Hinweis auf eine Ausstellung, die sich an diese Wurzeln des Museums erinnert und das Wundersame zur hintergründigen Methode erhebt. Innensichten, Sezierungen, weiches und hartes Material, Merkwürdigkeiten, Wunderkammern und überraschende Blickachsen, sind die Perspektiven und Themen, die eine Ausstellung über Sachsen-Anhalt in der Geschichte (vom 15. Mai bis zum 13. September 1998) optisch wie konzeptuell prägten. Am Ort einer gigantischen Metamorphose wird die Verwandlung eines wirtschaftlichen Kraft-Werks zur Dreckschleuder, die nicht mehr Strom erzeugen darf, gezeigt. Der Energie-Erzeuger wird zur störenden Mißbildung, die nur noch als leerer Raum existiert und mangels „besserer" Nutzungsmöglichkeiten für eine landesgeschichtliche Exposition umgewidmet wird. Unter dem etwas populistischen Titel „mittendrin" wurde das ehemalige Braunkohle-Kraftwerk Vockerode mit einer historischen Ausstellung über die kurze und verwickelte Landesgeschichte Sachsen-Anhalts beatmet -

ob das die Basis eines Weiterlebens nach dem Tode ist, das steht im bitterarmen Land Sachsen-Anhalt noch offen.
Der Platz ist für die widersprüchliche historische Erfahrung symptomatisch, war es für die Anhalter ein Ort an dem man Arbeit und Lebensmitte fand, kennt jeder Süddeutsche das Riesengebäude mit seinen vier Schornsteinen, direkt an der Elbbrücke, von den Transitreisen nach Berlin durch den real existierenden Sozialismus. Das war eine Station auf dem Trip, der mit abenteuerlichen Initiationsriten begann - wie einem kleinen Förderband auf dem die Pässe in eines jener unvergeßlich heringsgrau gestrichenen Wachhäuslein transportiert wurden oder einem volkspolizeilichen Röntgenblick auf die Ohrmuschel, als könnten die Augen in den Gehörgang eindringen und das Innere des Klassenfeinds offenbaren. Die Elbbrücke und das Kraftwerk waren eine Silhouette an der man aufzuatmen begann. Das waren die Signale für die letzte Etappe dieser Fahrt durch die paranoide und paranoid machende Ostrepublik; stets erheiterte man sich an dem Werbetext „typisch DDR", der die holprige Autobahn überspannte: „Plaste und Elaste aus Schkopau". Ein Satz, der die ganze Fremdheit der DDR-Topographie wie die sprachliche Auseinanderentwicklung der beiden deutschen Staaten ausdrückten. Das war Soljanka-Deutsch - zumindest für westdeutsche Ohren.

Schiefe Außenwelt

Die Wende brachte auch dem Kraftwerk das Ende. Am 10. Oktober 1994 wurde das Kraftwerk Vockerode abgeschaltet, übrig blieben die Symbole, die vier Schornsteine, die an die Titanic erinnern, die Leere der Halle in der einst der in bis zu 12 Brennkammern erzeugter Dampf die Turbinen in Bewegung setzte. Die Leere ist ein Motiv das die Ausstellungsentwickler (der Freiburger Historiker Franz-Josef Brüggemeier, mein Tübinger Kollege und Freund Gottfried Korff sowie der Berliner Ausstellungsarchitekt Jürg Steiner) immer wieder einsetzen, um das Giga-Format der früheren Anlage bestaunen zu lassen, aber auch um die depressive Verfinsterung der Lebensgeschichte der früheren Beschäftigten sichtbar zu machen. Da wird vor eigenwilligen Zugangsweisen nicht zurückgeschreckt, auf einem „Erlebnisweg" geht man den Weg der Kohle entlang mächtiger Förderbänder. Durch die Schräge im Aufwärtsgehen wird die durch Fensterluken zu besichtigende Vockeroder Welt plötzlich ganz schief, der Kirchturm stellt seinen Pisaner Kollegen weit in Schatten. Der Zugang schon ist ein Weg in die Befremdung, die Peter Sloeterdijk dem historischen Museum anrät - nicht die Aufhebung von Distanz, sondern genau das Gegenteil, die Ausarbeitung von Fremdheit ist das Ziel des Blicks in die Geschichte.
Die massive Schauwelt dieser Industrieanlage und die Feinarbeit historischer Ziselierkunst werden in allen Formen gegeneinander gesetzt. Es entstehen ästhetische Konfrontationen von hohem Reizwert: Stahlträger gegen ottonische Kapitellkunst, von der Hitze angefressene Eisenroste, die den Blick auf hochkalibriges Waffengerät öffnen, das gut sichtbar unter einem liegt und über das man zwangsläufig hinweg gehen muß, das wohltemperierte Klavier ertönt in einem früheren Schaltstand, gespielt von Glenn Gould und versehen mit einem Text, den nur ein Musikwissenschaftler versteht.
Die Ausstellung schreckt höchst couragiert vor fast nichts zurück. Der vom Nutzen befreite Ausstellungsraum in den 12 Brennkammern wird in magischem Halbdunkel gehalten. Das hat natürlich auch konservatorische Gründe, aber es erlaubt zugleich Blickachsen die überraschende Zusammenhänge freigeben. Sie sind analog

den Prinzipien des nahe bei Vockerode gelegenen Wörlitzer Gartenreichs gestaltet. So fällt der Blick von der Venus Medici vor dem Ruhmesraum für den fruchtbaren Landesherrn Fürst Franz, der mit Doppelnutzungen die Ideen der Aufklärung praktisch werden ließ auf ein unförmiges Lokomobil, das den Pflug durch die Rübenfelder der Magdeburger Börde zog und so für einen ansehnlichen Reichtum der Rübenbauern sorgte.

Die Zuckerrübe ist eine Art Logo dieser Ausstellung. Die Wurzelknolle des Weißen Mangolds, deren Zuckergehalt 1747 von dem Apotheker und Chemiker Sigismund Andreas Marggraf entdeckt wurde, steht im Mittelpunkt des ökonomischen Aufschwungs, der aber theatralisch gestaltet wird, über einer Pyramide, die den Weißen Mangold präsentiert, wölbt sich ein an die Decke projizierter blauer Himmel mit vielversprechenden Sommerwolken. Auch die Unterwelt unter den Rosten wird benützt, für den Krieg, der aus der Geschichte herausgenommen wird und als eigene Einheit gestaltet ist, und für die Darstellung der NS-Zeit, die als Bodensatz einen umgestürzten Reichsadler verwendet, ein Relikt aus der NS-Geschichte des umgenutzten Quedlinburger Doms, der ab 1938 für Feiern der SS herhalten mußte.

Vorbild Theater

Die Ausstellungsmacher bekennen sich zum Prinzip der Inszenierung. Vorbild ist nicht die archivalisch orientierte, dokumentenreiche Historische Sammlung als vielmehr das Theater, das durch ein Szenario verschiedene Elemente verbindet, die an der Oberfläche gar nicht verknüpft erscheinen. Dabei ist es wie im Theater auch, es gibt schlechte und gute Inszenierungen. Die Vockeroder ist gut! Der Initialraum, der die Ausstellung auch programmatisch eröffnet, nennt sich, nein ist ein Theatrum, lange nicht so opulent wie das von Professor Schultka beherrschte, aber doch an einigen Prinzipien der barocken Wunderkammern und anatomischen Seltsamkeiten orientiert. Die Ausstellungsverantwortlichen haben damit eine neue Ordnungsmöglichkeit im Museumswesen installiert (nicht ohne Vorgänger in den „Musées sentimentales") und haben damit das Theater - Modell auch für die Historiographie belebbar gemacht.

In einem in der Riesenhalle kleinwüchsigen gläsernen Rundbau werden mit einer sichtbaren Mechanik Landkarten auf und abgefahren, die das Territorium, das es zu bestaunen gilt, topographisch anzeigen. Auch der Auftritt dieser Landkarten ist bewußt gewählt; eine Entscheidung gegen das Grau der Bildschirme, ein Bekenntnis zur Epoche, als die Bilder noch laufen lernten und ihre Wirkungsart ebenso einfach wie verblüffend war. Eine solche einfache Form des Zeigens schlägt sich auch in den 40 Objekten auf den ersten Blick verwirrend nieder. Das Verzeichnis dieses Kapitels Null liest sich im Katalog wie ein kunterbuntes und chaotisches Tableau. Erst allmählich lichten sich hinter der scheinbaren Ethnographie des Zufalls bestimmte Zusammenhänge, die ganz wie in der Ethnopsychoanalyse dem Prinzip der Irritation verpflichtet sind. Was aus den Erwartungen springt, die Überraschung das Objekt in einen neuen Zusammenhang gestellt zu sehen, das Unerwartete eben öffnet ganz andere Blickweisen und Erinnerungsformationen. Das déjà-vue wird ebenso eingesetzt, wie das Unerhörte, ja das Unheimliche, das einen bange macht, weil es im Unbewußten wurzelt und von daher insgeheim bekannt ist. Diese pointierte, emotional gelenkte Blickweise beginnt ganz im Stile der Naturalienkammer und lokaler Heimatmuseen mit Flora und Fauna, die Fische der Elbe werden präsentiert und erklärt, sogar ein ausgestopfter Biber erfreut vor allem die jugendlichen

Besucher; über ihn erfährt man im gewichtigen Katalog, daß seine Artgenossen mittlerweile 4000 fach die Elbe beleben, und 1800 davon sind echte Sachsen-Anhalter-Biber.

Zucker - das Herz

Der Bezug zur Region, die als Bundesland eine kurze Geschichte hat: gerade 5 Jahre (von 1947-1952) und dann wieder nach der Wende wurde Sachsen-Anhalt eigenständig verwaltet; schließlich geht es in der verkorksten wirtschaftlichen Situation und der Erosion von vielen Lebensgeschichten auch um ein Fünkchen heilsamer corporate identity - wenigstes beim Biber blühen die Landschaften. Das nächste Objekt ist ein ärmelloser Pullover im Jahr 1945 aus Zuckersackgarn gestrickt. Die Besitzerin und einstige Trägerin hat das kratzende Kleidungstück bis zu seinem 1988 erfolgten Ruf ins Museum aufgehoben, damit die Enkel sehen konnten, was man „damals" trug. Ganz in diesem Blickwinkel wird das hautfeindliche Not-Zeichen auch von uns heutigen angeschaut, ja sogar mit Beteiligung anderer Sinne wahrgenommen: man sieht immer wieder Besucher, die sich beim Besichtigen des kreativen Notbehelfs unwillkürlich kratzen. Eine andere Irritation, fast in Form eines emotionalen Schubs erwirkt das Abbild des Urpferds, das Turnvater Jahn 1812 entwarf und daß trotz des ledernen Glanzes, der die Kopie verrät, an unselige Turnstunden erinnert, die man auf und an und unter dem Ungetüm verbrachte.

Solche historische Turnstunden werden wiederum gebrochen durch Zeitsprünge in die glorreiche DDR-Vergangenheit, so mit der Person des legendären Radfahrers Täve Schur, dessen Straßenrennrad „Diamant" sowie das gelbe Trikot für den Gesamtsieger der Friedensfahrt 1955 ausgestellt sind. Ohne argumentativen Gewissensbiß wird dieses sportliche Vorbild konfrontiert mit den Greueln der DDR entlang der Grenze: eine Landmine M 62M, jener symbolisch geladene Spiegelwagen, mit dessen Hilfe die Volkspolizei ohne sich zu bücken von der flüchtlingsfreien Unterseite der zu untersuchenden West PKW überzeugen konnten - ein eindrucksvolles Zeugnis wie auch Terror Bequemlichkeit entwickeln kann. Demgegenüber ein Wandbild zur inneren Aufrüstung, das die Grenzkonfrontation auf den Punkt zu bringen versucht, ein DDR-Grenzpolizist im Visier eines Westzielfernrohrs, versehen mit dem Text: „Du oder er"? Der erste Schuß entscheidet!

Das Theatrum hält sich in der Mehrzahl an Akteure, die für die Ökonomie oder das intellektuelle Profil eine wichtige Rolle spielen, eine Portraitbüste von Hermann Gruson, des Gründers des Magdeburger Schwermaschinenbaus, ein Selbstportrait des Wanderpredigers Gustaf Nagel, des berühmtesten Aussteigers seiner Zeit (geb. 1874), eine Kleinkopie des Denkmals des alten Dessauer von Gottfried Schadow (1800), der Verweis auf Eike von Repkow, der zu Beginn des 13. Jahrhunderts den Sachsenspiegel verfaßte, der im Herzogtum Anhalt bis 1900 in Kraft blieb, wie man staunend erfährt. Aber dann gibt es auch Dinge, die einfach rätselhaft bleiben und durch eine intime, körperliche Aura bestimmt sind, so der Seidenbeutel mit den Nabelschnurresten der Kinder des Alten Dessauer, des berühmten Fürst Leopold von Dessau, der den eisernen Ladestock sowie den Gleichschritt in die moderne Waffenstrategie einbrachte - und das erklärt vielleicht diese Seite von transaristokratischem Aberglauben - sich gegen allen Spott seiner adeligen Verwandtschaft mit der Dessauer Apothekerstochter Anna Luise Föhse rechtmäßig verehelichte.

Ein weiterer Typ an Objekten hat den Charakter eines Fokus: weltbewegende Momente schießen in einem mehr oder weniger banalen Gegenstand zusammen. Da sind die Magdeburger Halbkugeln des Otto von Guericke, mit deren Hilfe er einen Unterdruck herstellte, den an die 30 Pferde nicht überwinden konnten. Zu der naturgeschichtlichen Kraftprobe auf Weltniveau gesellt sich die satirische Variante, ein Bestellzettel für eine „Trabant-Limousine-Luxus", ein Vorgang, dessen ritueller Charakter unübersehbar ist, und die damit verbundene Geduldsprobe auch eine Zustimmungsvergewisserung für die DDR installierte: Wenn ich diese Prozedur durchstehe, dann habe ich etwas, auf das ich ein Fünftel meines Lebens gewartet habe. Die Geduld macht nicht unwirsch, eher dankbar. So wären noch eine ganze Reihe von solchen für die Geschichte der Region Sachsen-Anhalt symbol-trächtigen Objekten zu registrieren: Die Schreibmaschine von Hedwig Courths-Mahler, die in Nebra als uneheliche Tochter eines Saaleschiffers 1867 geboren wurde, zwei Käthe Kruse-Puppen, 1940 in Kösen hergestellt, eine Schellackplatte der Dreigroschenoper aus dem Jahr 1930, eine Erinnerung an den Dessauer Komponisten Kurt Weill, eine homöopathische Hausapotheke von Samuel Hahnemann, der als Arzt in der Nähe von Eisleben praktizierte und das „Evangelium eines armen Sünders" von Wilhelm Weitling, der - so der Katalog - als erster Kommunist bezeichnet werden darf. Die Objekte verbinden den Betrachter auf besondere Weise mit der Vergangenheit, machen sie überbrückbar, durch Verlust des Kontexts und Eingliederung in eine neue Welt der Dinge, die auch außerhalb von Raum und Zeit zusammenhängen. Diese Rekonstruktion eines assoziativ zusammengehaltenen Kosmos baut eine andere Realität auf. In Korrespondenz mit dem konkreten Objekt werden Amplifizierungen vorgenommen, dem Prinzip des Tagtraums verwandt, der von der dinglichen Petitesse zum Staunen über die großen Rätsel voranschreitet. Die alte Freud`sche Erkenntnis, daß Phantasien so real und bedeutsam wie irgendeine äußere Realität sind, wird reaktiviert. Vorbewußtes wird im Staunen bewußt gemacht und es entsteht ein Kompromiß zwischen Vertrautem und Unvertrautem. Der Ausstellungsregisseur wird zum Erzähler. Er zeigt nicht historische Zeugnisse, er findet nicht Beweisstücke, Dokumente, sondern er erfindet Symbole, in denen der Zusammenhang wie im Park von Wörlitz durch eine plötzliche Sichtachse freigelegt wird. Das hat etwas Spielerisches und es schreckt vermutlich deshalb vor der Erfahrung des Grauens zurück. Die Fahrgenehmigung zur Abholung von Zyklon B in Dessau und zur direkten Lieferung des „Entwesungsgifts" (ein Abfallprodukt der Zuckerproduktion) nach Auschwitz wird im Kapitel über den Nationalsozialismus gezeigt. Das ist kein Thema für das Theatrum. Es zerstört jede Phantasie und erschlägt jede assoziative Neigung. Deshalb braucht ein solches Dokument auch einen genau definierten historischen Ort. Grenzen sind auch etwas Nützliches, Schützendes.

Schwierigkeiten mit der Museums-DDR

Eigenartig sind die Schwierigkeiten der Ausstellung mit der DDR-Geschichte. Das hat auch mit der Schwäche der Ethnographie zu tun, die hüben wie drüben nicht die Erklärungskraft gewonnen hat, wie beispielsweise die Ethnologie de la France. Die Ausstellung, die sonst so geistvoll und souverän, oft mit Witz, stets mit Maß und Ziel argumentiert, versagt in der Darstellung der jüngsten Geschichte ziemlich kläglich. Die Bearbeiterin der Geschichte des Kraftwerks läßt die originalen Gegenstände sprechen, und entlarvt die orangefarbenen DDR-Relikte als kleinbürgerliche Stoffwerdung einer von Wessies verspotteten Südfrüchtenot, oder sie sammelt

Schilder zu einer Collage, die ganz witzig einen repressiven Ton offenlegt („Achtung! Nach Ertönen der Hupe wird das Schlackeförderband angefahren.") aber zugleich eine gewisse Ahnungslosigkeit im Umgang mit Sicherheitsvorschriften und Sprache der Arbeitswelt verrät.
Die Vockeroder jedenfalls haben die Verwandlung ihrer Arbeitsstätte in ein Theatrum noch nicht verkraftet. Trotz nachbarschaftlicher Nähe und vertrautem Ambiente hat von der Möglichkeit des freien Eintritts kaum ein Einheimischer Gebrauch gemacht. So haben zwar wir westdeutschen Besucher in der Schule des Befremdens viel gelernt, aber für die Bewohner von Vockerode wie von Sachsen-Anhalt ist die Erinnerung an ihre verlorene Arbeitswelt zu bitter, um sich der Metamorphose in eine geschichtliche Exposition vorbehaltlos erfreuen zu können. So ist der leise Widerstand gegen den Ort der Geschichte vermutlich auch ein Widerstand gegen die Geschichte, die einem den Ort zu fremd machte.

Utz Jeggle
Historische Anthropologie.
Kultur, Gesellschaft, Alltag, 7 (1999), Heft 2

Von der Peripherie zum Zentrum – eine ottonische Königslandsxhaft entsteht

Rüben unter Dampf: Industrialisierte Landwirtschaft

Blick in die Maschinenhalle

JUNKERS

Die Mitteldeutsche Zeitung widmete den Ausstellungsthemen ab August 1998 je eine Sonderseite. Dieser Serie sind die folgenden Berichte von Andreas Hillger über die einzelnen Abteilungen der Ausstellung entnommen.

Suche nach der verlorenen Zeit

Dokumente und Apparate erinnern an Geschichte des Giganten

Die Zeit ist nicht stehengeblieben, sie spielt bloß keine Rolle mehr. Über dem grünen Ölsockel prangt statt einer Uhr nur ein schmutziger Rand. Wo einst kräftige Stimmen gegen den Lärm der Maschinen ankämpften, ist es beängstigend still. Selbst die Wasserhähne sind längst abgestellt, kein Tropfen mißt die verstreichenden Sekunden. Auf Knopfdruck aber flammt ein Bildschirm auf, und eine unbeteiligte Stimme erzählt die abgeschlossene Geschichte vom Kraftwerk Vockerode an der Elbe.

Ein trauriger Rest ist auf dem Boden des seiner Nützlichkeit beraubten Raumes versammelt: Der Schilderwald des Werkes ist entlaubt, die welken Blätter mit ihren Warnungen und Appelle sind hier zu einem Haufen zusammengekehrt worden. Doch die Regeln für das Vorgehen bei einer „Atemspende" gehen ebenso ins Leere wie der Hinweis auf den „Fluchtweg": Der Gigant liegt längst im Koma, aus seiner Agonie gibt es kein Entkommen.

An vergangene Tage und Taten freilich wird auch im Todesschlaf noch erinnert. Von einer Fotowand grüßen anonyme Jungaktivisten und Blasmusiker, stramme Kampfgruppen-Formationen posieren neben siegreichen Sportlern. Darunter finden sich die Meldungen von der „Winterschlacht" gegen das Eis der Elbe und die Grüße von der MS „Vockerode", die den Namen des Elbestädtchens nach Sibirien und Afrika trug. Ob das 11 500 Bruttoregister-Tonnen schwere Schiff inzwischen das Schicksal des stillgelegten Kraftwerks teilt, erfährt der Besucher allerdings nicht. Dafür kann er noch einmal in die traurigen Augen jener Besatzung blicken, die am 10. Oktober 1994 um 12.08 Uhr den Abschied des Stromerzeugers vom Netz der Verbraucher beobachtete. Rund ein halbes Jahr später, am 5. Mai 1995, wurde der letzte Schalter bewegt: „Anlage stillgelegt", meldet das Protokoll sachlich.

Was damit endete, darf in den Nebenräumen noch einmal beginnen: Akkurate Pläne und administrative Schreiben erinnern an den Wiederaufbau des unter den Nationalsozialisten gegründeten und von der Sowjetunion nach 1945 demontierten Werkes, in einem grandiosen Panorama feiert der Zeichner Willy Baacke den Herzschrittmacher der jungen Industrie gar als Zentrum des modernen Lebens. Die harmonische Einbettung des roten Riesen in die grünen Auen wirkt wie die Vision einer Versöhnung, die in der Wirklichkeit niemals stattgefunden hat. Als Wegzeichen an der Autobahn ist das Kraftwerk Vockerode unverwechselbar geworden, als Fremdkörper am Rande des Gartenreiches stört es viele bis heute.

Überhaupt verschweigt die Schau die negativen Begleiterscheinungen der Verwandlung von Kohle in Energie, als wolle sie über den Toten nur noch Gutes sagen. Einzig auf einem Foto sind die armdicken Röhren zu entdecken, die sich durch den Ort Vockerode schlängelten und die Fernwärme nach Dessau transportierten. Die Folgen des Bergbaus und die Schadstoff-Messungen hingegen sucht man vergeblich. Zwischen abgeschraubten Meßgeräten und ausgelöschten Ehrentafeln für den „Sozialistischen Wettbewerb" führt der Weg zurück in die Turbinenhalle. An den blinden Scheiben der Tür aber klebt ein vergilbtes Blatt, das zur Kundgebung am 29. November 1990 bittet und die „einmalige Chance" auf ein neues Kraftwerk verspricht. Doch die Zeit läßt sich nicht zurückdrehen...

1. August 1998

Göttersöhne in einem viel zu kleinen Land

Dokumente der Protest-Bewegung und der Wende geben Impulse für individuelle Erinnerungen

Für die erschöpfende Ausstellung einer abgeschlossenen Epoche mag ein klassischer Schauraum genügen, zur Auseinandersetzung mit einem sehr individuell erlebten und heftig diskutierten Prozeß aber können nur Impulse gegeben und Akzente gesetzt werden. Ein schmaler Gang präsentiert die Zeugnisse jenes atemlos schnellen Marsches, mit dem 1989 ein ganzes Volk die Staatsbürgerschaft wechselte und seine greisen Herren in den Ruhestand schickte. Das Gedächtnis wird kanalisiert, der Rückblick verläuft geradlinig... Die Erinnerung an Untiefen und Mäander aber trägt jeder Besucher in sich. Wie leicht man damals noch provozieren konnte! Zwischen den Zeilen des harmlosen Liedes „Auf der Mauer, auf der Lauer" erkannte das Publikum der Gruppe „Horch" 1985 den ganzen Überdruß an den agitatorischen Sangesübungen, mit einem Stückchen Vlies konnten junge Pazifisten Hochverrat an der Doktrin vom „bewaffneten Frieden" üben. Ein schlieriger, farbstichiger Konzertmitschnitt aus dem Berliner Jugendklub „Pablo Neruda" und ein rührend unscheinbarer Aufnäher der Aktion „Schwerter zu Pflugscharen" markieren die Eckpunkte des Protestes, der sich aus sehr unterschiedlichen Motivationen speiste. Das Siebdruck-Plakat der Revue „Kleines Land & Großes Glück" hängt hier wohl auch als Beispiel für die verzweifelte Sympathie, mit der sich junge Intellektuelle dem „Real-Existierenden" zum Trotz eine Bleibepflicht auferlegten.
Einem der bekanntesten Dokumente für diese ambivalente Haltung wird breiter Raum gewährt: die Mappe „Prometheus 1982" vom Hallenser Literaturwissenschaftler Roland Rittig initiiert und verantwortet, bot mit der Umdeutung des angeblichen Proto-Sozialisten und Göttersohnes Gegenentwürfe zu verordneten Heiligenbildern. Uwe Pfeifers panzerfahrender Prometheus und Otto Möhwalds resignatives „Hier sitz' ich" stehen bis heute für das Spektrum zwischen Widerspruch und Verstummen, Wolfgang Mattheuers „Prometheus verläßt das Theater" hat als prophetisches Requiem nichts von seiner Kraft verloren.
Ebenso frisch wirken die Texte von Wilhelm Bartsch („Beurteilung des Prometheus") und Volker Braun („Verfahren Prometheus"). Während der eine der unbotmäßigen Aktivisten in der geschickt parodierten Sprache der Funktionäre anprangert, weiß der andere: „Das Feuer nahm man unbesehen. Verbrauchergesellschaft, die noch immer, sagt er jetzt, jede Erfindung genommen hat." In den Klinkermauern des stillgelegten Kraftwerks bekommen diese Worte einen sonderbaren Klang. Neben dem unbrauchbaren Schwert, das 1983 die Verkündigung des alttestamentlichen Propheten Micha zumindest symbolisch einlöste, finden sich schließlich die

noch immer gültigen Zeugnisse des historischen Herbstes 1989. Fotos von Demonstrationen in Dessau, Halle und anderen Städten zeigen den Mut der Menge und eine Verbundenheit, die nur allzu bald wieder vergessen werden sollte. Daß diese Bilder auf schmucklosem Hintergrund eher wie eine vorläufige Auswahl wirken, betont den Verzicht der Gestalter auf verbindliche Wahrheiten. Hier ist noch zu sichten, sind noch Entdeckungen zu machen. Auch wenn – oder gerade weil einige der am Runden Tisch im Dessauer Ratssaal versammelten Redner inzwischen ihr wahres Gesicht gezeigt haben.
Der Weg scheint zu Ende, obwohl einige das Ziel noch nicht erreicht glauben. Das kleine Land ist zweifellos größer geworden das große Glück aber ist ein sehr relativer Begriff geblieben.

5. August 1998

Pappkrug voll „Freude"

In Kessel 12 kollidiert die offizielle Verwaltung mit den individuellen Zeugnissen der staatlich gesteuerten Kultur

Das Buch liegt schwer in der Hand und bereitet ihr offenbar eher Kopfzerbrechen als Vergnügen, die Bilder von der frohen Zukunft sind mit einer stumpfen Patina überzogen... Vor dem rostigen Gestänge am Kessel 12 hat die „Studierende Arbeiterin" von Ingeborg Hunzinger-Riehl ihren Optimismus endgültig eingebüßt. Als das Bronzerelief 1962 seinen Platz im Plastik-Park Leuna fand, stand es dort freilich noch für ein erstrebenswertes Ziel. Und das wollte man erreichen, „auch wenn er bitter fällt, der Weg".
Der Rückblick auf die mit guten Vorsätzen gepflasterte und von zahlreichen Verbotsschildern flankierte Straße in die sozialistische Kultur erweist sich in Vockerode als heikles Unternehmen. An hauchdünnen Fäden schwanken die Schaukästen und Tafeln, jeder frische Wind würde das Kartenhaus zum Einsturz bringen. Doch die Flaute ist verläßlich: Wo „Literatur zur Information - Qualifizierung - Unterhaltung" diente, war an Subversion nicht zu denken. Statt dessen baten handgemalte Plakate zum „Fest der Lebensfreude", und bei den Arbeiterfestspielen wurden selbst die Reaktionen des Publikums in Vordrucken erfaßt.
Staunend steht der Besucher vor den Zeugnissen jener Bürokratie, die eine neue Kultur begründen sollte: Da gibt es Aktendeckel zum Vorgang „Literatur A-Z", da finden sich offiziöse Verträge für Patenschaften zwischen Klassen und Kollektiven neben Protokollen der gemeinschaftlich geübten Literaturkritik. Und auch der Appell „Greif zur Feder, Kumpel!" wurde mit dem passenden Poesiealbum versehen: Die Brigadetagebücher waren nicht allein Chronik der gesellschaftlich nützlichen Tätigkeit, sie wurden von parteilichen Rezensenten zudem turnusmäßig eingeschätzt und mit so aufmunternden Prädikaten wie „aussagekräftig und kritisch" bedacht.
Doch zwischen diesen standardisierten Platitüden bleiben Exponate, deren improvisierter Chic bis heute Charme verströmt: Die rührend moderesistenten Kleider aus dem Handarbeitszirkel, die erotisch unbeholfenen Standfotos der Tanzgruppen und die von Sehnsucht nach Exotik kündenden Puppentheater-Requisiten sprechen eine andere Sprache als die Ver-

lautbarungen zum Literaturtag, auf dem „ein ganzes Heer" von Schreibenden gefordert wurde. Hier wandelt der Ausstellungsbesucher noch einmal auf der Sonnenseite des „Bitterfelder Weges", der im Alltag tatsächlich Kreativität freisetzen und die triste Realität mit einem Hauch von Festlichkeit versehen konnte.
Eine Vitrine erweitert den starr und überlegen auf den Osten gerichteten Blick zudem um eine westliche Perspektive. Die Reihe vom „Werkkreis Literatur in der Arbeitswelt", die der S. Fischer Verlag in Frankfurt am Main nach 1973 in Koproduktion mit so renommierten Partnern wie Suhrkamp und Piper publizierte, muß im Vergleich mit den benachbarten Veröffentlichungen und den Messe-Dokumenten des Mitteldeutschen Verlages wie die Koketterie des reichen Mannes erscheinen, der das ärmliche Kleid seines Nachbarn als Ausweis der progressiven Weltsicht kopiert.
Wie leicht dieser folgenlose Sozialismus jenseits des Eisernen Vorhangs zu tragen war, ist inzwischen auch im Osten bekannt. Doch während die „Literatur in der Arbeitswelt" inzwischen als läßliche Sünde obsolet ist, haftet dem „Bitterfelder Weg" dauerhaft der Makel eines kläglich gescheiterten Experimentes an. Das schönste Sinnbild für den Irrtum steht fast unbeachtet hinter Glas: Es ist ein kaschierter, braun angestrichener Pappkrug mit der Aufschrift „Freude".

8. August 1998

Unter aller Augen

Im Kessel 11 werden der Alltag und die Verbrechen des Nationalsozialismus dokumentiert

Die Bodenplatten sind stählern und kalt wie die Gesichter auf den Plakaten, die Vitrinen haben einen doppelten Boden. Wer das Profil des nationalsozialistischen Alltags sucht, muß zwischen den Momentaufnahmen aus der heroisch verklärten Arbeitswelt hindurch auf die Spielzeugwaffen für das Kinderzimmer blicken. Und wer vor den markigen Doppelporträts von „Fabrik- und Frontkämpfen" die Wahrnehmung schärft, entdeckt dahinter Zeugnisse für die massenhafte Vernichtung von Leben.
Ein museales Brennglas gestattet im Kessel 11 den gleichzeitigen Blick auf das janusköpfige Wesen des deutschen Faschismus: Die schrecklich gewöhnliche, durch Arbeits- und Sozialprogramme komfortabel eingerichtete Welt des kleinen Mannes, der die Nazis zunächst nur als Facette im ohnehin hysterischen und radikalisierten Politik-Spektrum am Ende der Weimarer Republik registrierte. Und den barbarischen, unter den Augen des angeblich zivilisierten Volkes betriebenen Tötungsapparat einer zynischen und neurotischen Parteielite.
Gerade die Normalität, mit der Verbrechen zu Amtshandlungen umgedeutet wurden, erschreckt zutiefst: Das Schreiben jenes Bürgermeisters, der aus der Synagoge in Gröbzig alle Hinweise auf jüdischen Glauben entfernen ließ und den so entweihten Raum wohl auch damit vor weiteren Pogromen bewahrte, ist in seiner nüchternen Diktion nur die Kehrseite jener polemischen Parole, die den Unterhalt für psychisch und geistig Behinderte auf die Kasse der „Volksgemeinschaft" umrechnet. Die Wand voll jüdischer „Kennkarten" aus dem Kreis Köthen dokumentiert den verordneten Verlust von Individualität durch

die zwangsweise zu tragenden Vornamen „Israel" bzw. „Sara" so wie die Reihe der Adressenschilder, mit denen ausländische Arbeiter erfaßt und verwaltet wurden.
Die Konsequenz dieser technologischen Praxis zeigen die Dokumente eines Massakers, mit dem fanatische Mörder ihr Werk noch kurz vor dem eigenen Untergang vollenden wollten: Die Erinnerung an 1016 bei Gardelegen verbrannte KZ-Häftlinge steht stellvertretend für jene Millionen Opfer eines Genozids, der mit dem Mythos der „Herrenrasse" begründet werden sollte.
Die dunkle Tiefe des Kessels aber eröffnet Einblicke in eben jene sinistren Erfindungen, mit denen das auf 1000 Jahre konzipierte Reich seine Fundamente tief in das Unterbewußtsein senkte. Statuarische Porträts von angeblichen Ahnherren wie Eike von Repgow, Markgraf Adalbert von Brandenburg oder dem „Alten Dessauer" entlarven sich zwar schon durch den Dilettantismus der Dastellung selbst, konstruieren jedoch zugleich historische Wurzeln des Nationalsozialismus. Wie aufwendig diese Umwidmung der Geschichte betrieben wurde, belegen neben den Fotografien der „Thing-Plätze" an der Neuenburg bei Freyburg sowie in Halle vor allem die Dekorationsstücke jener „SS-Weihestätte", die der Spitzenfunktionär Heinrich Himmler im Quedlinburger Dom St. Servatius einrichten ließ.
An Ausstattungsstücken, wie den mit künstlicher Patina überzogenen Leuchtern oder dem archaisch gestalteten Reichsadler, ist nicht allein die Dreistigkeit zu erkennen, mit denen stilistische Zitate am (leeren) Grab des deutschen Königs Heinrich I. für die suggestive Vermittlung von ideologischen Inhalten verwendet wurden. Ein schlichtes Rednerpult belegt zudem die dauerhafte Akzeptanz dieser Fälscher-Arbeit: Das geschickt ornamentierte Möbelstück wurde bis in die 80er Jahre von der in das Gotteshaus zurückgekehrten Gemeinde benutzt.

11. August 1998

Ein Ikarus im blauen Dreieck

Kessel 10 zeigt Kontakte
zwischen Industrie und Gestaltung

Skepsis und Enthusiasmus sind unterschiedlich temperierte Gemütszustände: „Kunst und Technik – eine neue Einheit?" fragt ein Schriftzug, der von dem Doppelsignet „Bauhaus Junkers" gekreuzt wird. In ihrem Rot und Blau assoziieren die Buchstaben das Feuer des kreativen Aufbruchs und zugleich den kühlen Zweifel an seinem Gelingen. Unter dem Fadenkreuz der Parolen aber führt der Weg in eine Zelle der Erinnerungen, die beide Aggregatzustände vereint: Im Kessel 10 steht die hochfliegende Utopie neben der nüchternen Einsicht in das Machbare, der Traum vom Fliegen neben der Tat der Flieger.
Der Rückblick auf die industrielle und künstlerische Revolution, die sich zur Zeit der Weimarer Republik in der anhaltischen Provinz ereignete, eröffnet auch dem Kenner jener Zeit sehenswert neue Facetten. Selbst wer die kultisch verehrten Stahlrohr-Möbel und die schriftgrafisch längst allgemeingültigen Entwürfe zur Genüge kennt, steht staunend vor den Bindegliedern zwischen Bauhaus und Junkers. Daß diese Nahtstellen freilich nur unter erheblichem Druck zusammengefügt wurden und zwei Körper mit ihrer unvereinbaren Eigendynamik auf Dauer nicht aneinander binden konnten, erfährt der Besucher bestenfalls zwischen den Zeilen der verbind-

lich abgefaßten Originaldokumente. Auch aus dieser Epoche bleibt vor allem das Geglückte im Gedächtnis, Mißerfolge und Verstimmungen verschwinden dahinter.
Beeindruckend sind jedoch allemal die architektonischen Visionen des Künstlers Friedrich Peter Drömmer, der den Junkers-Werken als Leiter der „Propagandaabteilung" ab 1923 ein progressives Auftreten verordnete. Sein „Fliegender Mensch", der die Produkte aus Dessau als Markenzeichen zierte, zeigt nicht nur einen stromlinienförmig gestalteten Ikarus. Das Etikett zitiert in Farbe und Grundform auch jene elementare Farbenlehre, auf die sich auch das Bauhaus des Walter Gropius ausdrücklich berief.
Daß die Werbeabteilung dieser Hochschule in den technologischen Musterstücken aus den Junkers-Werken ihre Wunschobjekte erkennen würde, lag eigentlich auf der Hand. Man muß nur die von Emil Theis montierte Postkarte betrachten, auf der eine Maschine vom Typ „F 13" über dem Bauhaus-Domizil kreist, um die Begeisterung der Künstler für die Technik zu erkennen. Rationalisierungversuche wie die berühmte, angeblich zeitsparende Kleinschreibung oder der Einsatz von standardisierten Bauteilen für Eigenheime korrespondierten mit den Bemühungen der Industrie-Kapitäne ebenso wie die in ihrer Ausschließlichkeit fatale Gropius-Formel: „Endziel aller bildnerischer Tätigkeit ist der Bau".
Während also die Künstler zu den Technikern strebten und bei Bedarf (wie der Bauhaus-Meister Joost Schmidt) sogar Urkunden für die Erfolgreichen entwarfen, bewahrten diese in fast rührender Anhänglichkeit die kunsthandwerklichen Grundlagen ihrer Zunft. Die „Propellermöbel", an denen Junkers-Lehrlinge ihre Fertigkeiten demonstrieren durften, sind ein eindrucksvoller Beleg für den konservativen Geschmack der technologischen Elite.

13. August 1998

Das erschreckende Antlitz der Gewalt

Die Ausstellung in Kessel 9 zu den Arbeiterkämpfen kann die These ihres Titels nicht belegen

Der Empfang verfehlt seine kalkulierte Schockwirkung nicht. Wer den Kessel 9 im Kraftwerk Vockerode betritt, blickt ohne Vorwarnung in die Mündungen von zwei Maschinengewehren, die in unheilvollem Schweigen verharren. Der Effekt dieser unmittelbaren Konfrontation wird auch durch das trennende Glas und durch das offensichtliche Fehlen des Munitionsbandes nicht geschmälert: So müssen sich Unbeteiligte gefühlt haben, die im März 1921 zwischen die Fronten von Schutzpolizei und aufständischen Arbeitern gerieten. Und so war wohl auch jenen Streikenden zumute, die sich 1953 gegen die wachsende Ausbeutung im Namen des Volkes auflehnten.
Die spektakuläre Inszenierung im Zentrum des Raumes steht freilich konkurrenzlos zwischen Vitrinen, die der provokanten These dieser Ausstellungs-Abteilung keine Substanz geben können. Die im Titel gezogene Parallele zwischen den Unruhen in der Weimarer und der Pankower Republik erweist sich als Kurzschluß, der sich schon durch die Auswahl der Exponate entlarvt. Denn während für die vom kommunistischen Likedeeler Max Hoelz entfachten Kämpfe der 20er Jahre eine Fülle von Originaldokumenten aufgeboten werden,

hallt das Echo der Parolen aus der Stalinallee bestenfalls in einer offiziellen Ruhigstellung der Bevölkerung und im verklärenden Kult um die „revolutionären" Ahnherren nach.
Deren lange geschöntes Bild freilich wird nachhaltig korrigiert: Die Fotografien der ermordeten Arbeiter stehen unmittelbar neben Bildern von mißhandelten und getöteten Polizisten. Die Folgen der Gewalt trafen auf beiden Seiten Menschen, eine einseitige Glorifizierung der „unsterblichen Opfer" erscheint vor den erschreckenden Zeugnissen ebenso fahrlässig wie die Dämonisierung der Macht. Und daß „proletarisches Standrecht" nicht nur ein möglicherweise noch verständlicher Reflex auf vorangegangenes Unrecht war, belegt nicht zuletzt der entlarvende Tonfall eines blutig rot grundierten Plakates von Hoelz. „Wir schlachten die Bourgeosie ab, ohne Unterschied des Alters und des Geschlechts", tönt der Scharfrichter. „Die Stunde ist ernst, die Gelegenheit ist günstig".
Dieser jakobinischen Gesinnung entsprachen auch die Totenköpfe mit den gekreuzten Knochen, die den berühmten Panzerzug aus Leuna neben dem fünfzackigen Stern schmückten und von den sozialistischen Erben auf späteren Abbildungen wohlweislich getilgt wurden. Solche Entdeckungen, die aus dem kuriosen Traditionskabinett vom Ende des Rundgangs auf frühere Stationen im Raum verweisen, sind der größte Gewinn einer insgesamt spröden Aufbereitung. Daß sie freilich die kalte Barbarei jeder bewaffneten Auseinandersetzung registriert, ohne wertende Urteile zum Recht oder Unrecht der Beteiligten abzugeben, läßt sie als eine der nötigen Zäsuren inmitten der sachsen-anhaltischen Glanzzeiten erscheinen. Denn das Antlitz des Alltags, das lehrt auch dieser Raum, zeigte keine schönen Züge. Es war vielmehr zumeist schmutzig und gemein.

15. August 1998

Schlachtfeld für das Heer der Techniker

Im Kessel 8 wird die wechselvolle
Geschichte des Industrie-Giganten
Leuna zusammengefaßt

Wenn Techniker träumen, wachsen turmhohe Schornsteine über palastgroßen Werkhallen, zwischen denen Kanäle und Gleisstränge in strenger Geometrie verlaufen. Die Phantasie läuft in den Bahnen der Organisation, die Feder des Künstlers strichelt auf dem Reißbrett des Ingenieurs. Wenn diese Visionen aber auf die Wirklichkeit übertragen werden, entstehen schrecklich faszinierende Konstruktionen. Im Kessel 8 des Kraftwerkes Vockerode wird die Inkarnation solcher gigantischen Planspiele am Beispiel des Industriekomplexes Leuna demonstriert.
Auch bei dieser Neugründung des Jahres 1916 erwies sich der Krieg als Vater aller Dinge: Die Ammoniaksynthese, bei der ein für die Produktion von Sprengstoffen und Düngemitteln unerläßlicher Rohstoff gewonnen wurde, sollte aus der Reichweite der französischen Luftwaffe entfernt werden, ein freies Feld bei Merseburg bot den Badischen Anilin- und Sodafabriken (BASF) einen geeigneten Standort. Daß die Nachbarn den durch die Beschäftigung von Kriegsgefangenen beschleunigten Bau wie eine Invasion empfanden, schien da nur folgerichtig: Die Diagramme und Landkarten wirken auch heute noch wie generalstabsmäßi-

ge Aufmarschpläne für das Heer der Technokraten.
Daß sich Leuna mit seiner breiten Produktpalette auch später den Begehrlichkeiten der wechselnden Dienstherren nicht entziehen konnte, belegt eine Fülle von Formularen und Organigrammen, die nach 1945 zunächst in kyrillischen Buchstaben abgefaßt wurden. Da sollte der Moloch, der längst auch Methanol und Benzin in großen Mengen ausschied, ein Zeichen für gesellschaftlichen Wandel werden: „Brot, Wohlstand und Schönheit" verhießen die Politbürokraten, die „Chemie im Dienste des Friedens" forderten.
Die Nachbarn freilich, die den künstlichen Metastasen des megalomanen „Hans Adolf von Staden-Planes" mit knapper Not entkommen waren, lebten weiter in industrieller Belagerung: Nachdem die Fischer von Merseburg schon 1919, also nur drei Jahre nach Eröffnung des Werkes, eine „oelartige Schicht auf dem Gefieder von Vögeln, zentnerweise tote Fische, nicht zufrierendes Gewässer und verbrannte Büsche am Ufer" registriert hatten, wurde in DDR-Zeiten das Herbarium des Todes meist mit geheimnisvollen Pflanzenschädlingen begründet. Und gegen die half nur Chemie: Ein Teufelskreis, in dem selbst „Christus als guter Hirte" an der Leunaer Friedenskirche porös werden mußte.
Zwischen Leimen und Granulaten, Ventilen und massiven Hochdruckmänteln fesselt ein Panorama den Blick des Kessel-Besuchers, das seine Details nur aus der Ferne preisgibt. Beim Näherkommen verschwimmen die Farben und Linien in der idealisierten Werksansicht des Malers Otto Bollhagen zu bunten Schlieren auf kaltem Untergrund. Das Gemälde, 1921 für den Mutterkonzern in Ludwigshafen entstanden, entpuppt sich als Diaprojektion auf einer künstlichen Eisschicht. Am unteren Rand des Bildes sammeln sich Tropfen: Der Traum der Techniker schmilzt...

18. August 1998

Euphorischer Reigen um goldene Götzen

Die Exponate im Kessel 7
lassen die kulturbildende Kraft
der Zuckerrüben-Industrie erkennen

Der Götze ist von eher unerfreulicher Gestalt: Unter seinem bleichen Schopf legt sich eine unförmige Wucherung in tiefe Falten, aus denen Sprossen wuchern. Das milde Licht des gläsernen Altars aber projeziert das ordinäre Antlitz aus den Tiefen der Erde an den künstlichen Zenit und umgibt es mit einer goldenen Aura. Und damit verheißt diese sakrale Inszenierung jenen profanen Wohlstand, den der Weiße Mangold den mitteldeutschen Rübenbaronen tatsächlich bescherte.
Das Formalin-Präparat im Zentrum des Kessels 7 konfrontiert den Besucher des Kraftwerkes Vockerode mit einer kulturbildenden Kraft, deren Rolle bei der Entwicklung Mitteldeutschlands heute kaum noch bewußt ist. Die industrielle Gewinnung des Rübenzuckers, mit der sich die Alte Welt von teuren Importen aus Übersee emanzipierte, veränderte im 19. Jahrhundert nicht nur die sozialen Strukturen auf dem Land. Sie trug auch maßgeblich zur Entwicklung von Saatzucht, Maschinenbau, Kohleförderung und Düngeproduktion bei.
In den Schreinen rund um den Hauptaltar sind Zeugnisse dieser agrarischen Goldgräber-Zeit ausgebreitet: Der armselige Hausrat der Tagelöhner, die der wertvollen

Ernte den Boden bereiteten und dabei im Schweiße ihres Angesichts „den Zucker in die Rüben" hacken mußten. Und daneben die plumpe Pracht jener neureichen Feld-Herren, die mit der unscheinbaren Frucht ihren aufwendigen Lebensstil finanzierten. Die Schatzkammer der Rübe steckt voller Anekdoten und Kuriositäten: Da finden sich Gußformen, mit denen der ideale Wuchs zu Anschauungszwecken vervielfacht werden konnte, neben internationalen Medaillen, mit denen Rekorde in Gewicht und Gehalt prämiert wurden. Da sind, als Inkarnation des Bösen in der landwirtschaftlichen Ikonographie, die Feldschädlinge mit akribischer Präzision gezeichnet und gebannt. Und da werden die Propheten des geldwerten Gewächses in ihrem Stammbaum verewigt, um späteren Generationen ein Vorbild an Tatkraft und Erfindungsreichtum zu bleiben.
Bei soviel Devotionalienkult und Ablaßhandel dürfen auch die Mysterienspiele nicht fehlen: zu den skurrilsten Zeugnissen einer inzwischen längst vergessenen Euphorie zählen die Dokumente der Magdeburger Zuckerausstellung von 1925, auf denen ausgerechnet die konkurrierende Honigbiene als Symbol für die Gemeinde der Pflanzer herhalten mußte. Und im selben Jahr verstieg man sich beim 75jährigen Jubiläum des Zuckerindustrie-Vereins gar zur Abfassung eines „Altgriechischen Dramas", das die „Welt ohne Zucker" humoristisch porträtierte. Hinter der heiteren Kandis-Schicht verbarg sich wohl auch bitterer Ernst.

20. August 1998

Soziales Gesamtkunstwerk hinter Glas

Von Menschenformung und Landschaftspflege: Im Kessel 6 fügen sich die Zeugnisse des Dessau-Wörlitzer Reformwerkes zu einem stimmigen Panorama

Der pädagogische Pavillon gleicht einem Glashaus, das die schönen und anfälligen Ideale vor dem rauhen Wind der Wirklichkeit behütet. Unter spitzen Dächern träumen die Menschenfreunde hier von einer Allianz zwischen Angenehmem und Nützlichem, während draußen die widrige Welt in Schmutz und Lärm ersticken mag. Doch das zerbrechliche Idyll kann die Zöglinge nur unzureichend auf ihre Entlassung vorbereiten. Denn hinter den schützenden Scheiben werden Meriten nicht mehr mit goldenen Punkten und Sternen belohnt...
Obwohl im Kessel 6 der universale Anspruch des Dessau-Wörlitzer Reformwerkes in einzelne Facetten aufgesplittert wird, vermittelt die Inszenierung dem Betrachter ein stimmiges Panorama der gestalterischen Bemühungen von „Vater Franz" und Zeitgenossen. Die Formung der Menschen am Philanthropinum findet ihren Spiegel in den Projekten der Landschaftsgestaltung, die Ästhetik der gleichermaßen formschönen und praktischen Möbel atmet denselben Geist wie die naturwissenschaftlichen Kollektionen der fürstlichen Gesellschaft.
In all diesen Projekten nämlich erkennt der Betrachter einen optimistischen Glauben an die Gestaltbarkeit des Lebens und der Welt, der sich ausdrücklich auf große Traditionen beruft und zugleich eine Utopie in die Zukunft projiziert. Dabei mag ihm das stilistische Nebeneinander von antiken und gotischen Versatzstücken ebenso gewöhnungsbedürftig erscheinen wie das Prinzip der öffentlichen Würdigung von Leistung und Wohlverhalten. In ihrem historischen Kontext aber behaupten sich

diese Elemente als glaubhafte Zeugnisse einer Blütezeit, die das politisch unbedeutende Fürstentum zum Muster einer modernen Gemeinschaft werden ließ.
Wie umsichtig man bei der Errichtung des lebenswerten Gesamtkunstwerkes vorging, zeigen die brillanten Architektur- und Dekorstudien des anhaltischen Baumeisters Erdmannsdorff, der als Virtuose des Zitates und der Vergegenwärtigung jedem heutigen Designer zumindest ebenbürtig erscheint. Seine geschickte Aneignung von fremder Formensprache läßt dennoch stets die eigene Handschrift erkennen und versöhnt selbst widerstreitende Elemente letztlich in einer harmonischen Mitte.
Um diese Balance zu erreichen, schreckte Erdmannsdorffs Dienstherr bei seinen landschaftspflegerischen Projekten auch vor drakonischen Maßnahmen nicht zurück: Wer den Humanismus des Fürsten mit bloßer Sentimentalität verwechselt, wird spätestens beim Anblick der Abgabenliste für Sperlingsköpfe ernüchtert. Wenn die Natur seine Kulturen störte, dann konnte der passionierte Sammler auch zum Jäger werden. Ein Beispiel für die Grenzen des vernunftbetonten und auf die Fundamente der Besserung gebauten Weltbildes freilich bindet sich zwischen den Dokumenten der philanthropischen Bildungsstätte und den auch zum Export bestimmten „Educatioswaaren". Das Tagebuch der Fürstin Luise, geschrieben von ihrem poetischen Sekundanten Friedrich von Matthisson, muß als die betont sachliche Chronik einer in ihrer Empfindsamkeit beschnittenen Seele gelesen werden. Für Mimosen war das Klima im Gewächshaus der anhaltischen Gärtner wohl nicht geeignet.

22. August 1998

Mit heißen Herzen und Hirnen

Im Kessel 5 wird des wissenschaftlichen wie des religiösen Aufbruchs an der Schwelle zum 18. Jahrhundert gedacht

Dies ist ein guter Ort der Gelehrsamkeit und des Glaubens. Die helle Vitrine umschließt ihren Besucher wie ein Exponat und eröffnet ihm zugleich den Blick in Höhe und Weite, der Mensch ist Student und Studienobjekt in einem. So haben ihn sich auch jene Professoren und Pastoren gewünscht, die an der Schwelle zum 18. Jahrhundert in Halle eine progressive Universität und eine gottesfürchtige Anstalt eröffneten.
Wo die Erben in der Akademie der Herren Wolff und Thomasius sowie in der mildtätigen Stiftung von Vater Francke heute mit Eifer nach ihren gemeinsamen Wurzeln graben, ist man im Kessel 5 des Kraftwerkes Vockerode einmal mehr „mittendrin": An den Schriften des erleuchteten Pädagogen erkennt man den Geist, der ihn mit seinen hellsichtigen Zeitgenossen verband. Und in deren Traktaten wiederum findet man jene Grundlagen, die auch der fromme Patron zum Fundament seiner gottgefälligen Herberge machte.
Ein großer Atem wehte damals durch die Stadt an der Saale: Nachdem der papistische Kardinal Albrecht mit seiner geplanten Hochschul-Gründung 1531 am Vormarsch der Protestanten gescheitert war, erlaubte ein Kaiserliches Privileg Leopolds I. mehr als anderthalb Jahrhunderte später endlich die Einweihung einer Alma mater. Und schon wenige Jahre später suchten selbstbewußte Studenten Händel mit der Staatsmacht, während sich ein Student gleichen Namens im Matrikelbuch

verewigte. Das Autogramm des späteren Barock-Tonsetzers findet sich auf der aufgeschlagenen Seite links unten.
Während Juristen und Theologen in der Fridericiana die irdische und himmlische Hierarchie auf den Prüfstand der Vernunft hoben, folgte in unmittelbarer Nachbarschaft ein umtriebiger Mann dem Ruf seines Herzens. August Hermann Francke legte mit sechs Talern und wenigen Groschen den Grundstein für sein weltumspannendes Missionswerk, dessen Erfolg nicht zuletzt durch die rege verlegerische Tätigkeit seines Mitstreiters Carl Hildebrand Freiherr von Canstein gesichert wurde. Zahlreiche Bände aus der Cansteinschen Bibelanstalt bilden das Gegengewicht zu den ausgestellten Werken der Akademiker.
Doch auch wenn ethnographische Exponate aus Franckes Naturalienkammer und medizinische Studienobjekte aus den Universitäts-Laboratorien in einem ähnlichen Verhältnis zueinander stehen, ist die Dominanz des Wortes auch in dieser Zeit unübersehbar. Da sich die Skeptiker damit zu jenen Institutionen aufschwangen, deren unkritische Anerkennung sie erst so vehement bekämpft hatten, endete der Aufstand gegen die Buchstaben in ehernen Lettern. Die Autoren der Autonomie versteinerten zu Autoritäten. Ihr bleibendes Verdienst aber ist in der Gestaltung des Raumes zu erkennen: Das Selbstbewußtsein des modernen Menschen, der mit forschendem Blick den eigenen Körper wie den Himmel über sich betrachtet, wäre ohne die mit heißen Herzen und Hirnen begangenen Pioniertaten der Pietisten und der Aufklärer nicht denkbar. Und wer die praktischeren Folgen solcher theoretischen Diskurse sucht, braucht sich nur die gezeigten Widerreden gegen den Hexen- und Zauberglauben und die Promotionsurkunde der Dorothea Erxleben, der ersten Frau mit Doktorhut, zu vergegenwärtigen.
Am Ausgang des Raumes aber erwartet den Besucher ein Exponat, dessen einstmals spektakuläre Wirkung längst in seiner heutigen Selbstverständlichkeit aufgehoben ist. Der Erdglobus aus dem 18. Jahrhundert zeigt den blauen Planeten als überschaubares und erkundetes Objekt. Und er ist unzweifelhaft rund.

25. August 1998

Teppich aus Bomben

Randbemerkungen über die gewaltsamen Unterbrechungen der friedlichen Epochen

Dieser Zwischenraum ist eine Frage der Definition: Wer Kriege als gewaltsame Unterbrechung von fruchtbringenden Perioden wertet, wählt für die Darstellung solcher Schrecken zweifellos die optimistischere Variante am Rande des geschichtlichen Parcours. Mit dem selben Recht aber hätten die Ausstellungsgestalter im Kraftwerk von Vockerode ihre Kessel auch generell zum Schauplatz der Schlachten im Lande erklären können. Denn zerstörerische Gewalten haben die Region mindestens ebenso nachhaltig geprägt wie die aufbauenden Kräfte.
Nun jedoch betritt der Besucher die Waffenkammer der Geschichte über einen Bombenteppich aus Blindgängern, von deren Stahlmantel er nur wenige Zentimeter entfernt ist. Hinter den Glasvitrinen erwarten ihn martialische Apparate, die der Laie mit zwiespältigen Gefühlen registriert: Die Nähe zwischen den Maschinerien der Industrie und der Vernichtung hat

sich in der Historie schon viel zu oft unheilvoll bewiesen. Im Vordergrund aber erkennt man jene mechanischen Hilfsmittel, mit denen sich die im Räderwerk des Krieges zerriebenen Opfer behelfen mußten. Unter den Prothesen erschüttern die kleinen künstlichen Gliedmaßen für die verkrüppelten Kinder am meisten.
Überhaupt berühren die alltäglichen Schrecken der Etappe stärker als die Zeugnisse von der Front. Die Feldpostbriefe aus der Heimat erzählen von dem verzweifelten Bemühen um eine Normalität, die von der Wirklichkeit längst überholt worden ist. Die Schulaufsätze über Luftangriffe sprechen von der Erziehung einer Generation, der die Warnung durch Sirenen und Volksempfänger ebenso vertraut war wie der Griff zum Luftschutzkoffer.
Daneben wirken die Fotoalben voller Landser-Romantik und Männer-Kameradschaft beinahe nostalgisch: Diese Schieflage konnte auch durch das (inzwischen abgebaute) Diorama der Wallenstein-Schlacht an der Dessauer Brücke nicht korrigiert werden, altertümliche Stichwaffen und Rüstungen kolportieren zudem noch immer das Klischee vom kleidsamen Beruf des Kriegers.
Den so verführten Söhnen Sachsen-Anhalts freilich mag man zugute halten, daß ihre Heimat fast nie das Ziel der kriegerischen Auseinandersetzungen, sondern meist das als Nachschub- und Durchzugsgebiet erst später attackierte Hinterland bildete. Die Ausstellungsabteilung verschweigt allerdings auch nicht, daß die Region als Schmiede und Giftküche der wechselnden Feldherren dann kaum das Recht der Unschuld für sich beanspruchen konnte. Und daß die Wahl zwischen den emaillierten Schüsseln und den Stahlhelmen, die im Hüttenwerk des Harzortes gefertigt wurden, selbst bei enormen Gewinnspannen keine wirkliche Alternative ist.

27. August 1998

Ein Lutherschrein und Tetzelkasten

Frei von Vorurteilen und mit
Distanz zeigen die Kuratoren im Kessel 4
der Landesausstellung in Vockerode die
Wege der Reformation in
Sachsen-Anhalt

Ein eisernes Gewölbe birgt das Allerheiligste, wie in einer Kathedrale treffen sich die Dachbleche in einer gemeinsamen Spitze. Doch der Raum ist (wie manch andere Kirche) nur vordergründig dem Gottesdienst geweiht. Der wahre Zweck der Kassette ist die Wahrung der Mehrung von weltlicher Macht, die sich auf eine himmlische Legitimation beruft. Der Kessel 4 der Vockeroder Landesausstellung zeigt sich dem Besucher als Lutherschrein und Tetzelkasten zugleich. Damit sind die Fronten der großen geistigen Konfrontation zwischen dem mitteldeutschen Städtchen Wittenberg und der weltbestimmenden Metropole Rom gewissermaßen in einem Punkt zusammengefaßt. Zwischen der prachtvollen Turmmonstranz als Zeichen des alten Glaubens und der schlichten „Luther-Kanzel" als Verkündigungsort der neuen Lehre liegen nur wenige Meter sowie ein geistiger Sprung, der das Mittelalter mit der Moderne verband. Wer diese Nähe aushalten will, muß beiden Parteien mit kritischer Distanz begegnen. Und genau um diese vorurteilsfreie Darstellung zeigen sich die Kraftwerks-Kuratoren sichtlich bemüht.
Der Volksfrömmigkeit, die sich in Reliquienverehrung und naivem Heiligenkult genügte, dürfte die akademische Rebelli-

on gegen die tradierte Praxis ebenso unbequem gewesen sein wie der auf ihren Einfluß bedachten päpstlichen Kirche. Tatsächlich richtete sich die Polemik des Mönches Martin ja zuerst gegen ein florierendes und daher offenbar durch Nachfrage gedecktes Angebot: Der Ablaßhandel, mit dem die römischen Katholiken ihren Reichtum mehrten, gründete sich auf dogmatisch gesicherte Fundamente und war daher bestenfalls als besonders raffinierte Art der Beutelschneiderei zu tadeln. Daß die Seele nicht automatisch in den Himmel springt, wenn das Geld im Kasten klingt, blieb zunächst einmal ebenso Behauptung wie das Gegenteil.
Anhand der ausgestellten Folianten und Traktätchen kann man ablesen, wie die auf den Grundsatz des „Sola scriptura" gegründete Bewegung Substanz gewann : Melanchthons „Allgemeine Grundbegriffe der theologischen Lehre" stehen für die Überprüfung der christlichen Religion an den Denkmustern der Humanisten, Luthers exegetische Arbeiten zeugen von der Suche nach neuen Lesarten der Bibel. Dazwischen finden sich die Dokumente einer hysterischen Verteufelungskampagne, mit der sich der Vatikan letztlich zum Schützenhilfen der Ketzer machte. Schließlich war Leos Bannbulle für Luther das beste Sendschreiben bei all jenen Landesherren, die sich ohnehin von den Vasallen des fernen Rom abzusetzen gedachten. Wie damit auch der Legendenbildung Tür und Tor geöffnet worden war, belegt das zentrale Ausstellungsstück: Der Cranach-Altar der Agnus-Gemeinde in Köthen zeigt die geistlichen Querdenker und ihre weltlichen Schutzpatrone im trauten Zwiegespräch mit dem Messias selbst. Das Abendmahl wird zur Tafelrunde der protestantischen Apostel. Daß Bilderstürmer zur selben Zeit einen Madonnenterror auf der Jagd nach falschen Götzen entfesselten, war nur die Kehrseite der frisch geprägten Refomationstaler.

29. August 1998

Besiegelt mit Tinte und Blut

Im Kessel 3 empfängt den Besucher die gute Stube einer frühbürgerlichen Gemeinschaft

Das fein gewebte Tuch ist längst fadenscheinig geworden, die rot gebrannten Ziegel aber bieten noch immer festen Grund: Wer den Kessel 3 der Ausstellung im Kraftwerk Vockerode betritt, glaubt sich unmittelbar in der guten Stube einer ständischen Gemeinschaft angekommen. Unter blankgeputzem Glas liegen dort die Schaustücke der stolzen Bürger, die sich in ihrer neugewonnenen Autonomie mit bescheidenem Komfort eingerichtet haben. Neben Schmuck und Abendmahlsgerät, neben tönernem Geschirr und hölzernen Skulpturen aber finden sich die Garanten ihrer Freiheit: Üppig besiegelte Verträge und strenge Zunftordnungen, amtliche Korrespondenzen und private Schuldbriefe zeugen vom Triumph der getrockneten Tinte über das vergossene Blut.
Obwohl sich die Darstellung in der Schau ausdrücklich auf die mittelalterliche Hansestadt Stendal bezieht, trifft sie doch verallgemeinerungswürdige Aussagen über das Werden und Wachsen der Kommunen in Mitteldeutschland. Die Glasfenster und Andachtsfiguren etwa erzählen von der christlichen Konstitution des Gemeinwesens, das die gebotene Nächstenliebe freilich nicht als Widerspruch zur erbarmungslosen Rechtsprechung sah. In einer

Zeit, die den Wert der Gemeinschaft als stärkende und sichernde Instanz betonte, galt der Einzelne wenig.
Wichtiger waren da schon jene wachsschweren Kontrakte und Depeschen, die den verbündeten Nachbarn der eigenen Loyalität versicherten und ihn zugleich in die Freundespflicht nahmen. Wer die kalligraphische Sorgfalt eines Hansevertrages von 1476 bestaunt hat, wird in ihr die Lebensnotwendigkeit solcher bindenden Verträge erkannt haben. Nur im Verein waren die Städte stark genug, den Ansprüchen der Territorialfürsten zu trotzen. Die festgefugten Lettern bildeten einen mindestens ebenso notwendigen Garanten des Friedens wie die Backstein-Mauern.
Und wenn die gemeinsame Herkunft und Gesinnung nicht zur Begründung der Kooperation genügte, blieben noch immer frisch geprägte Münzen als attraktives Argument: Woher die Hansestädter sich diese Zahlungsmittel im Zweifelsfall besorgten, berichten nicht zuletzt die Pfandverschreibungen an jüdische Kreditgeber. Die waren willkommen, solange sie das allen Christen verbotenene Geldgeschäft in Demut ausübten. Daß sie jedoch zugleich als Sündenböcke für Pest und Not mißbraucht wurden, konnten auch die städtischen Schutzbriefe nicht verhindern. Im Angesicht der Andersgläubigen reklamierten neue Herren auch damals schon das Recht des Stärkeren.

3. September 1998

Zähe Arbeit am Zweifel

Die Schau im Kessel 2 dominiert das Skelett eines romanischen Gotteshauses

Tritt in den Dom und sieh: Das Ebenmaß der Bögen gliedert den Himmel, die Säulen messen den Weg zum tiefergelegenen Firmament. Und die farbigen Fenster schneiden bunte Segmente aus dem rostigen Rot der Wände, vor deren Hintergrund sich die hölzernen Schindeln fast völlig dem Blick entziehen.
Für den Kessel 2 der Ausstellung „mittendrin" hat der Architekt Jürg Steiner jene klobigen Kirchen skelettiert, die einst als christliche Bollwerke gegen die Slawen errichtet wurden. Im romanisch gewölbten Raum treffen nun zwei durch Längs- und Querstreben kongruent gebildete Objekte zusammen, die sich nicht nur durch ihre optische Ähnlichkeit als gleichberechtigte Leitmotive der Epoche empfehlen: Das Kreuz und das Schwert.
Während die steineren Relikte aus Klöstern und Kirchen vom Streben nach Sicherheit und Dauer erzählen, künden die überkommenen Schriftzeugnisse von großem Aufbruch. Die Lehnsbriefe und Zehnturkunden sind Dokumente einer systematischen Erschließung, mit der die geistlichen Herren das weite Land in handhabbare Parzellen gliedern ließen. Äxte und Hacken repräsentieren den landwirtschaftlichen Fortschritt, der dem neugewonnenen Boden höhere Erträge abtrotzte. Und der „Sachsenspiegel" enthält als wohl prominenteste Ikone den ersten verläßlichen Kanon der deutschen Gerichtsbarkeit.
Wie der Blick in die Welt auch die Sicht auf den eigenen Leib veränderte, kann man an der Standfigur des Zisterzienserbruders aus Sittichenbach erkennen: Das bemerkenswert naturalistisch gezeichnete Gesicht und die stimmigen Proportionen zeugen von einem Gestaltungswillen, der das Klischee vom leibfeindlichen und in tiefer Dunkelheit verfangenen Mittelalter

Lügen straft. Und wer in der Bibellektüre jener Zeit nur eine Litanei gegen den fremden Glauben vermutet, sollte sich von dem mit zahlreichen Glossen versehenen Paulus-Brief eines Besseren belehren lassen. Auch und gerade den Mönchen galt der Glauben als Arbeit am Zweifel, der Urvater aller Missionare war ihnen dabei ein wichtiger Partner.
Selbst antike Traditionen entdeckt der aufmerksame Betrachter im räumlich aufgerissenen Gotteshaus: Eine Schale mit der Darstellung von Pyramus und Thisbe, die in der historischen Altstadt von Stendal gefunden wurde, bezeugt das Interesse der klösterlichen Lateinschüler an den „Metamorphosen" des Ovid. Daß sich gar die Nonnen an solchen Schüsseln vor dem Empfang des Bußsakraments gewaschen haben sollen, steigert das Staunen. Doch der Blick auf das fremde Liebesleid schärfte vermutlich die Sinne für das eigene Seelenheil.

5. September 1998

Ein Kulturschock am Anfang des Zeitstrahls

Im Kessel 1 sind älteste Zeugnisse des regionalen Geschichtsparcours vereint

Wer einen historischen Parcours entgegen dem Uhrzeigersinn durchmessen hat, wird am Ende dieses Weges zwangsläufig auf die ältesten Spuren stoßen. Auch der Rundgang durch die Vockeroder Kessel findet sein Ziel an den Ursprüngen der Besiedelung, die die Region „von der Peripherie zum Zentrum" führte. Jenseits dieser Grenzmarken verwehen die Spuren im Ungefähren, in der Schau präsentiert das „Theatrum Anhaltinum" zumindest noch ein Kuriositätenkabinett als Konzentrat der Tiefenrecherche.
Dieser chronologisch erste Raum aber gibt all jene Themen vor, die in den folgenden Jahrhunderten variiert werden sollten. Doch während produktive wie destruktive Kräfte später mit wechselnden und häufig verschleiernden Motiven maskiert wurden, treten sie hier noch ungeschminkt vor den Betrachter. Die Ähnlichkeiten von Waffen und Werkzeugen kennzeichnet eine gemeinsame Herkunft, die bis dato kaum durch zunehmende Spezialisierung verbrämt wird. Und die Vergewisserung der Welt im Wort unterscheidet erst allmählich zwischen Glauben und Wissen.
So präsentiert auch das plastische Doppelporträt am Eingang des Kessels zugleich ein reales und ideales Paar: Während die bärtige männliche Figur als Porträt Otto I. wie auch als ein Abbild Christi gelten darf, erscheint die Frau an seiner Seite sowohl als königliche Braut Edith und auch als die Kirche, die Partnerin des Gottessohnes. Solche Gleichsetzung legitimierte die weltliche Machtfülle, die in den ausgestellten Urkunden zu erkennen ist: Nur wer seine Macht auf himmlischen Beistand gründen konnte, durfte das weltliche Gut so selbstverständlich und eigensinnig verwalten.
Daß freilich auch diese behauptete Legitimation keine unwidersprochene Garantie für Sicherheit bot, bezeugen die Beispiele der militärischen wie der theologischen Dominanz: Die eisernen Steigbügel und Sporen markieren im unmittelbaren Vergleich mit den schlichten slawischen Keramiken einen Epochensprung, der auch als Kulturschock gewirkt haben dürfte. Und wer die kleinen heidnischen Idole mit den Kapitellen der romanischen Kirchen vergleicht, mag die Durchschlagskraft der

christlichen Mission zumindest erahnen. Da jene Zeit als Ausgangspunkt eines in die Gegenwart gerichteten Zeitstrahls gedeutet werden will, kann und muß sie auch an ihrem Verhältnis zu den späteren Stadien gemessen werden. In Vockerode erscheint sie dabei als unbehauste, vom Maximum der Möglichkeiten geprägten Epoche. Daß sie zugleich den Boden für die späteren Konflikte wie die daraus resultierenden Entwicklungen bereitet, läßt sie zwar als verlassenen, aber nicht abgeschlossenen Raum erscheinen.

9. September 1998

Die Fundstücke aus verlorenen Zeiten

Zum Abschluß : Ein sentimentales Museum des Alltags

Dies ist ein Theater der sprechenden Dinge, deren Raunen nur von der Stimme des Erzählers übertönt wird. Das Auf- und Abgleiten der historischen Karten im Schnürboden markiert wechselnde Szenarien, in denen der Besucher nach dem Platz der einzelnen Akteure suchen muß. Und dabei entdeckt er überraschende Konstellationen für lächerliche wie erhabene Erscheinungen, die durch ihre gemeinsame Herkunft in Beziehung gebracht werden.
Da finden sich die berühmten, vom Magdeburger Oberbürgermeister Otto von Guericke zur physikalischen Untersuchung des Vakuums eingesetzten Halbkugeln vis à vis zu jenen mechanischen Kontrollvorrichtungen, mit denen sozialistische Landesherren später ihr Einflußgebiet in einen luftleeren Raum verwandeln wollten. Und edle Instrumente aus dem "Musikland" warten neben dem Denkmal des "Kleinen Trompeter", der seine Fanfare freilich eher zu agitatorischen als zu erbaulichen Zwecken erklingen ließ. Was sich in den Kesseln chronologisch entfalten soll, wird hier mutwillig unter dem Druck der historischen Erzählung zusammengefügt, bis edle und unedle Materialien zu einem facettenreichen Prisma verschmelzen.

Man mag diese räumliche Inszenierung als eines jener "Gedächtnistheater" begreifen, deren reinste Form der Kunsthistoriker Bazon Barock auch im benachbarten Wörlitzer Gartenreich erkannt haben will. Oder man mag es, in der Diktion des "mittendrin"-Gestalters Jürg Steiner, als ein "Musée sentimental" beschreiben, in dem auch alltägliche Stücke ihren Auftritt neben den Ikonen feiern dürfen. Gewiß aber ist die Wirkung, die durch die Präsentation von Alltag und Festtag entsteht, eine wirksame Therapie für das klassische Bildungspublikum, das die Hierarchie der Exponate ausschließlich an deren materiellem Wert bemißt.
Denn auch (oder gerade weil) beim Care-Paket mit den Produkten aus Sachsen-Anhalt sein erschwinglicher Kaufpreis als Qualitätsbeweis gilt, während die pittoresken Brockenhexen ihren überhöhten Kostenpunkt bestenfalls als Privileg eines Genius loci behaupten können, sind diese Zeitzeichen der Gegenwart ebenso ausstellungswürdig wie die in ihrem Entstehen oft nicht minder bizarren, heute jedoch durch Patina geadelten Zeugnisse der Vergangenheit. Das vieleckige Kuriositätenkabinett konfrontiert den Besucher so auch mit einer prophylaktischen Warnung, auf die herkömmliche Museen meist wohlweislich verzichten. Die Inventarisierung, die ein exotisches Tierpräperat mit derselben Sorgfalt behandelt wie das Trikot des Fußballstars oder die Nabel-

schnurreste von Fürstenkindern, warnt so vor dem bedingungslosen Glauben an inszenierten Historie. Sie fordert den Betrachter vielmehr heraus, der sich die Farben für sein Geschichtsbild aus den angebotenen Pigmenten selbst zu mischen weiß.

12. September 1998

Verzeichnis der Ausstellungsmitarbeiter
mittendrin. Sachsen-Anhalt in der Geschichte

Veranstalter: Expo 2000 Sachsen-Anhalt GmbH
Geschäftsführer: Gerhard Seltmann, Thomas Worms

Lenkungsgruppe: Franz-Josef Brüggemeier, Gottfried Korff, Jürg Steiner in Zusammenarbeit mit Prof. Dr. Heinz-Gerhard Haupt, Prof. Dr. Wolfgang Schenkluhn, Prof. Dr. Udo Sträter

Beirat: Prof. Dr. Dieter Bilkenroth, Elke Lüdecke, Dr. Matthias Puhle, Friedrich Schorlemmer, Peter Sodann, Dr. Heinz Verfürth, Gotthard Voß, Prof. Dr. Johanna Wanka

Wissenschaftliche Mitarbeiter: Ursula Breymayer (Koordination), Ingeborg Arnold, Eberhard Beutel, Daniel Cyranka, Dr. Christoph Danelzik-Brüggemann, Martina Eberspächer, Dr. Hardy Geyer, Thorsten Heese, Dr. Markus Matthias, Elke Mittmann, Simone Oelker, Anne Pollak, Dr. Jörn Schütrumpf, Claudia Wagner

Mitarbeit: Helmut M. Bien, Dr. Christina Böttcher, Kai Gruzdz, Dr. Dietrich Heidecke, Dagmar Jäger, Dr. Erhard Junghans, Dr. Margret Kentgens-Craig, Dr. Torsten Kupfer, Prof. Dr. Hans-Jürgen Pandel, Jörg Sandbiller

Kuratorin: Brigitte Schütz (Februar 1997 bis Oktober 1997)

Ausstellungsgestaltung: Jürg Steiner, Architekt BDA
Mitarbeit: Michael Lommertz, Hasso von Elm, Anke Schorsch, Gottfried Engels

Organisation, Leihverkehr und EDV: Doris Habermann
Assistenz: Daniela Döbert, Kai Gruzdz

Sekretariat: Birgitt Heinicke

Katalogredaktion: Martina Eberspächer, Simone Oelker, Dr. Bernd Ulrich, Claudia Wagner, Ralf Wolz

Koordination und Bildbeschaffung: Doris Habermann, Ursula Breymayer

Photographie: Eberle&Eisfeld, Berlin; Reinhard Hentze, Halle; Florian Profitlich, Berlin
Öffentlichkeitsarbeit: Daniela Kusian, Andrea Seibel, Annette Sendler

Didaktisches Begleitmaterial: Landesinstitut für Lehrerfortbildung, Lehrerweiterbildung und Unterrichtsforschung von Sachsen-Anhalt (LISA)

Konservatorische Betreuung: Rolf Küpper, Volker Esser, Ulf Kramann

Aufbau: Museumstechnik GmbH, Berlin; B + M Sicherheitstechnik, Dessau; DIW, Vockerode; Dresdner Kühlanlagenbau Dessau; e-media, Magdeburg; Elektro GmbH, Oranienbaum; mez-Metallerzeugnisse Stockmann, Radis; Anhaltische Braunkohlesanierungsgesellschaft mbH (ABS), Halle; Valentin Kreideweiß, Wörlitz; ehemalige Mitarbeiter des Kraftwerks, Bautrupp Ferropolis, Gabi Sehringer und Heinz-Bert Dreckmann, Berlin

Transporte: Internationale Kunstspedition Hasenkamp

Versicherung: Öffentliche Versicherung Sachsen-Anhalt (ÖSA)

Die Ausstellung wurde unterstützt durch die Vereinigte Energiewerke Aktiengesellschaft (VEAG) und die Öffentliche Versicherung Sachsen Anhalt (ÖSA).

Bildnachweis

: transit/Christiane Eisler: S.4, 6, 14, 18, 19, 20, 21, 25–27, 29–31, 32(1), 33, 35–37, 39–41, 43–45, 49–51, 54–56 (1), 58 (1), 59–63, 65–68 (1), 69–71, 73–77, 79–80, 82, 120–123

: transit/A. Matüs: S. 81 (1)

Hoch 3 Berlin/Martin Adam: S. 53, 56 (2)

VEAG/Repros von: transit (Christiane Eisler): S. 24

Thomas Klitzsch: S. 81 (1)

Jürg Steiner: S. 16, 17, 22–23

Reinhard Hentze: S. 32(1), 46(2), 50–52, 56(1), 62(1), 68(1), 82(1)

Die Exponatfotos sind entnommen aus: Brüggemeier, Franz-Josef; Korff, Gottfried; Steiner, Jürg (Hg.): mittendrin. Sachsen-Anhalt in der Geschichte. Katalog zur Ausstellung im stillgelegten Kraftwerk Vockerode, 15. Mai bis 13. September 1998, Dessau 1998.

Die Texte zu den einzelnen Ausstellungsabteilungen sind von den Raumtexten der Ausstellung übernommen und stammen von den Autoren der jeweiligen Einheiten.